世界史の誕生

蒙古帝國與東西洋史觀的終結

岡田英弘——著
陳心慧 譯

世界史の誕生
モンゴルの発展と伝統

目錄

前言

十九年前，我曾經寫過一篇名為〈世界史是否成立〉的文章（《歷史與地理》二一一，一九七三年四月）。文章中指出，「世界史」一詞在我們心中所喚起的是兩個近乎矛盾的觀念相互重疊，整體的輪廓模糊不清，很難掌握」。這兩個觀念其一是明治時期以來的「萬國史」。「萬國史」是在明治初期，面對同一時間突然大量來襲的各國西洋人，為了與他們交涉，日本人急需知道對手的背景。因此，從古希臘、羅馬開始，一直到明治維新前後在日本互爭長短的法國、英國為止，萬國史敘述了西洋各國的興亡盛衰。「萬國史」改編自歐洲人的「原書」，但由於改編的是日本人，因此在選擇記述的事項時，是根據日本人所持有的傳統歷史觀，也就是從漢文書典中所學到的中國「正史」觀。

對於接受中國文化薰陶超過千年以上的日本人而言，歷史的重點在於哪一個政權被授予「天命」，屬於「正統」。為此，「萬國史」記載的對象實質上僅限於從希臘、馬其頓帝國、羅馬帝國，以至日耳曼分支出來的英國、法國以及德國。這說明了「天命」傳遞的順序，也代表承認明治時期三大列強的「正統」。這個中國型的「萬國史」屬於「西洋史」，與源自中國史的「東洋史」並列，這就是日本歷史學的現狀。

無論是「東洋史」還是「西洋史」，兩者皆以中國型的「天命」與「正統」史觀的理論為基礎。而兩者是各自獨立撰寫完成的歷史，基本上無法相提並論。日本人想盡辦法修改「東洋史」，希望能夠更接近「西洋史」。這些方法或是將「東洋史」以時代區分，或是另外撰寫東西文化交流史、塞外史、社會經濟史。然而，無論是哪一種方法，都在不自覺日本人的歷史觀根於中國型歷史的情況之下，將「西洋史」的用語表面上套用在「東洋史」上，最後都招致失敗，更遑論歷史學的統一。在這樣的情況之下，第二次世界大戰後的學制改革，將東洋史與西洋史合併，出現了「世界史」這個科目。

但事實上，將東西洋史合併是個不合理的要求。就算兩者都是建立在中國型的「正統」思想上，但東西方的「天命」相互對立，就好像水和油無法相容一般。在日本高中世界史的教材裡，到處都可以看到這樣的矛盾。將東西洋各自呈現縱向的脈絡橫切之後相互堆疊，無論是對教學的人還是學習的人而言，都是不合邏輯的事。我聽說很多高中老師在教西洋史的時候，會從世界史的教科書中取西洋史的部分，等到教東洋史的時候再取東洋史的部分，將東西洋史分開教授。這樣一來，「世界史」和過去完全沒有分別。

另外，合併東洋史與西洋史的「世界史」當中，竟然沒有包含屬於「國史」的日本史。這樣的做法導致在日本的學校裡，日本人所學的是將日本排除在外的世界史，就好像日本不屬於這個世界一般，日本的歷史與世界史毫無關係，日本也對世界沒有任何的影響。如此一來，應該學習的「世界史」大事選項當中完全沒有與日本相關的觀點，學的大事愈多，邏輯愈混亂。想當然的，世界史的知識只會愈來愈雜亂無章。

在〈世界史是否成立〉一文中，我以「最起碼在現今日本，真正的世界史並不成立。但就算如此，學校卻不得不教授世界史。要解決這樣的矛盾只有一個辦法，那就是從大學聯考中廢除世界史這個科目」此句總結。但我並不滿意這個悲觀的結論。正如同明治時期的日本人需要「萬國史」一般，姑且不論大學聯考，現代的日本人還是需要世界史，需要重新創造出符合邏輯的世界史。

為此，我們必須重新認知，歷史屬於地域性，並不具有普遍性。是屬於創造出東洋史的中國世界與創造出西洋史的地中海世界兩者的特有文化。在這樣的認知之下，知道從中央歐亞大陸的草原分別向東西發展的勢力創造出了中國世界和地中海世界，經過不斷地變化，演變成我們現在所看到的世界，沿著這樣的邏輯，才有可能記述單一的世界史。

我的這種想法，一部分已經寫進《漢民族與中國社會》（山川出版社，一九八三年）、《中央歐亞的世界》（山川出版社，一九九〇年）以及《有歷史的文明與沒有歷史的文明》（筑摩書房，一九九二年）當中。這本《世界史的誕生》便是將我的這種想法付諸實行，試著統一記述世界史。我在這裡非常感謝筑摩書房的湯原法史先生，給我機會進行這樣大膽的嘗試。

一九九二年二月　岡田英弘

第一章

一二〇六年的天命——世界史從這裡揭開序幕

❖ 成吉思汗

西元一二〇六年春天，在蒙古高原北部、肯特山中、鄂嫩河（古稱黑水）上游的附近草原，遊牧民族各部族的代表齊聚在此地召開大會，選出蒙古部族的首領鐵木真為共同的最高領導者。鐵木真的堂兄弟大薩滿（巫師）闊闊出是遊牧民族各族人的宗教領袖，他被認為擁有可以騎馬登天的神力，蒙古人稱他為「帖卜・騰格里」，意指「通天使者」。

在此之前，遊牧民族最高領導者的稱號為「汗」，他們習慣在「汗」之前冠上各種讚美的詞彙當成尊稱。「成吉思」是古突厥語的蒙古發音，有「激烈、嚴格」之意。[1] 就這樣，鐵木真在鄂嫩河上游之地，揚起名為「禿黑」的軍旗（從長杆頂端的金輪垂下九根的白色長毛，類似江戶時代救火隊的布條），舉行了即位儀式，尊號「成吉思・汗」。這是蒙古帝國建國的開始，也是世界史誕生的瞬間。

在這偉大的瞬間，蒙古高原以外的世界又發生了些什麼事呢？

❖ 蒙古之外的世界

在日本，當時是由軍人掌握國家實權的時代。鎌倉幕府的第三代征夷大將軍源實朝在由比濱的海邊打造大艘軍艦，準備親自遠征中國。然而，造船不幸失敗，源實朝在十三年後於鎌倉的鶴岡八幡宮，遭外甥公曉殺害。

在韓國，高麗王國雖然統一了朝鮮半島，但依然屬於軍人掌權的時代，將軍崔忠獻鞏固了崔氏四代的武臣政權（相當於日本的幕府）。

高麗的西邊是女真（女直）人所建立的金帝國，統治滿洲、內蒙古以及到淮河為止的華北一帶。

在金帝國的南方，由漢人建立的南宋帝國統治華中、華南一帶。首都杭州是當時世界最大的都市，有上百萬人定居於此。朱熹（新儒教朱子學的始祖）在南宋懷才不遇，六年前鬱鬱而終。

在金帝國的西方，由党項人建立的西夏王國統治從內蒙古西部到寧夏、

1〔編註〕應為「四海」或「世界」之意。

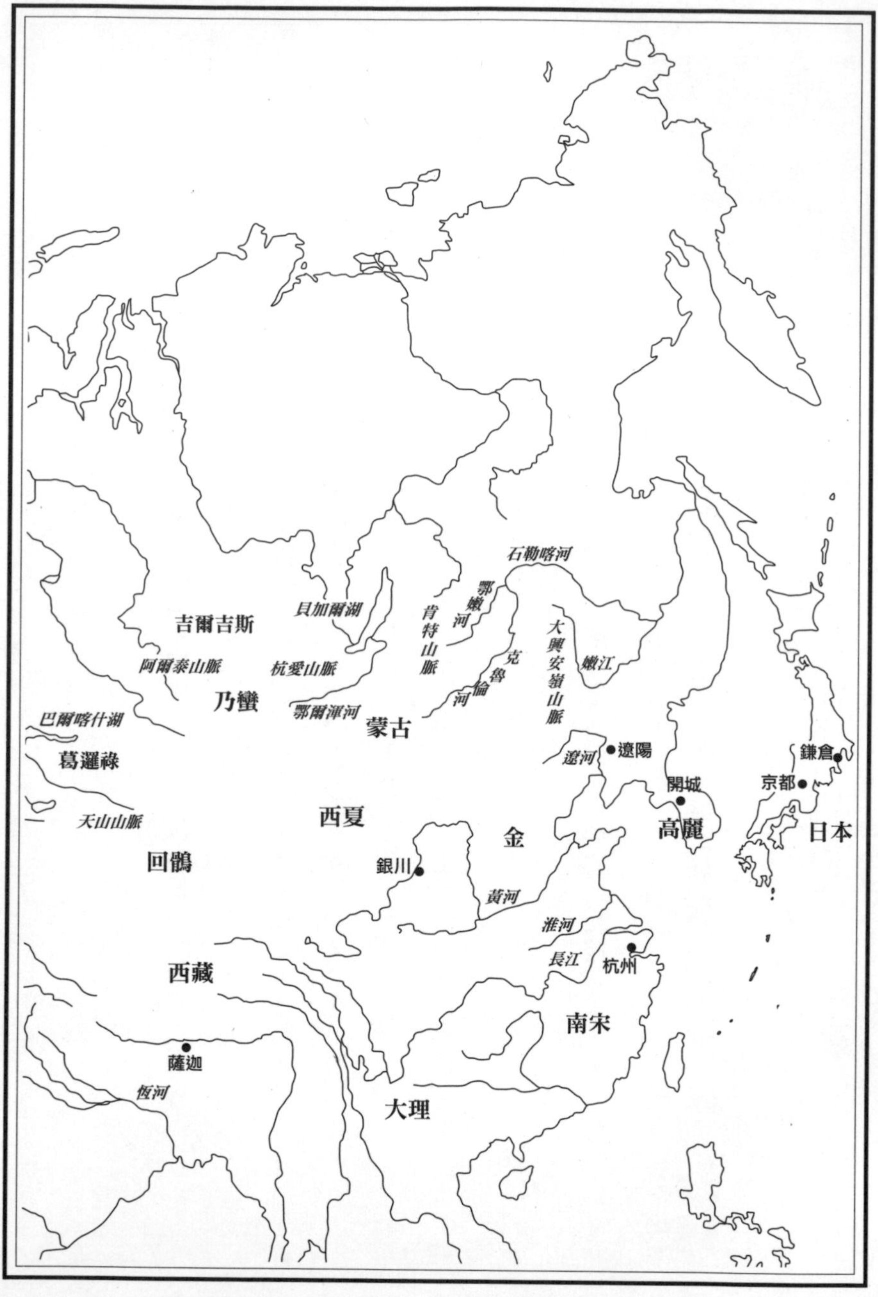
石勒喀河
鄂嫩河
肯特山脈
貝加爾湖
吉爾吉斯
阿爾泰山脈
杭愛山脈
大興安嶺山脈
嫩江
克魯倫河
乃蠻
鄂爾渾河
蒙古
巴爾喀什湖
葛邏祿
遼河
遼陽
鎌倉
開城
京都
天山山脈
西夏
金
高麗
日本
回鶻
銀川
黃河
淮河
長江
杭州
西藏
南宋
薩迦
恆河
大理

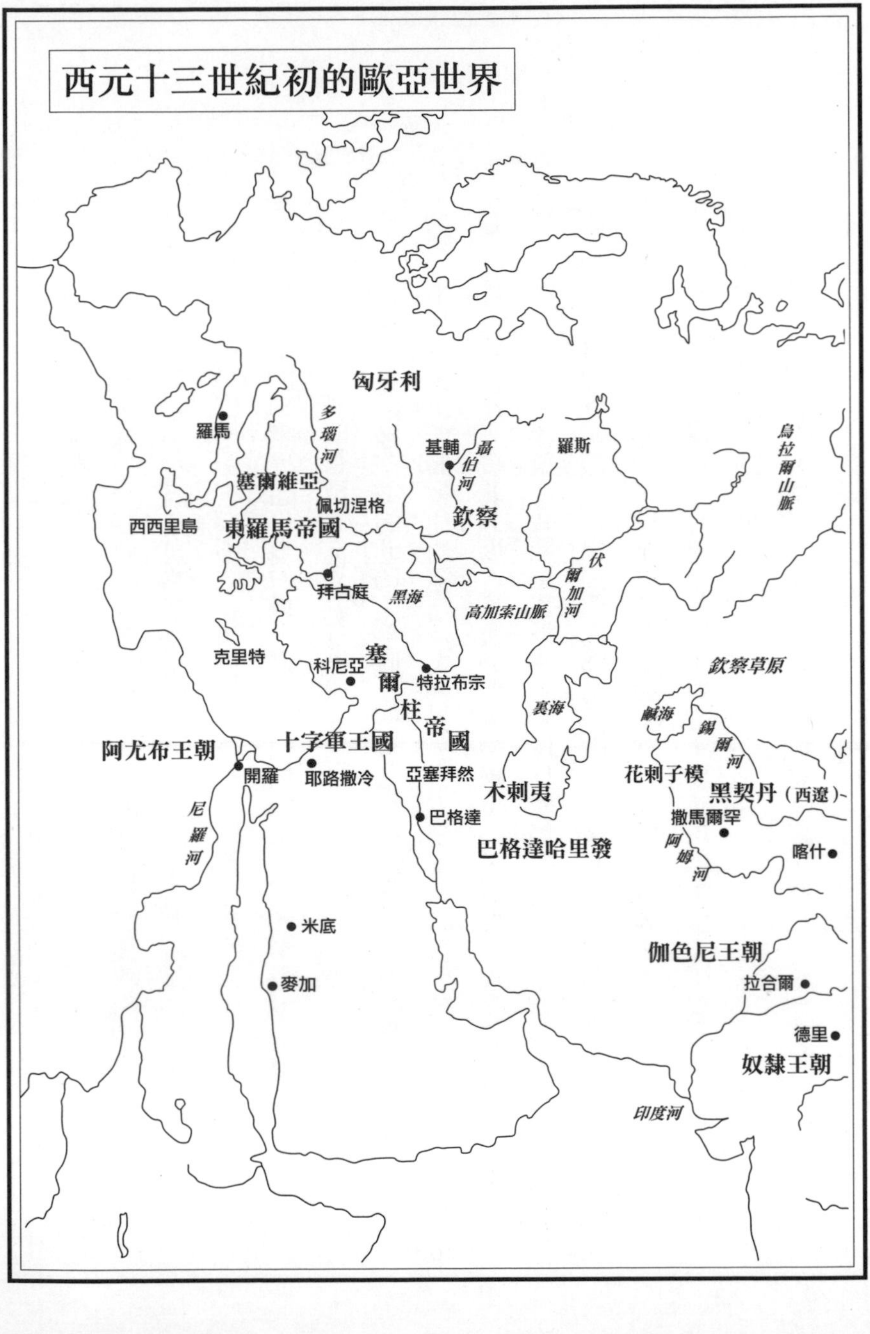
西元十三世紀初的歐亞世界
匈牙利
多瑙河
羅馬
基輔
聶伯河
羅斯
烏拉爾山脈
塞爾維亞
佩切涅格
欽察
西西里島
東羅馬帝國
伏爾加河
拜古庭
黑海
高加索山脈
克里特
塞爾柱帝國
科尼亞
特拉布宗
欽察草原
裏海
鹹海
錫爾河
阿尤布王朝
十字軍王國
開羅
耶路撒冷
亞塞拜然
花剌子模
黑契丹（西遼）
木剌夷
尼羅河
巴格達
撒馬爾罕
巴格達哈里發
阿姆河
喀什
米底
伽色尼王朝
麥加
拉合爾
德里
奴隸王朝
印度河

甘肅一帶的城市和遊牧民族。

在西藏高原，地方豪族鼎立，各自保護各自的佛教高僧和教團，努力振興地方發展。當中，在西藏西部豪族昆氏所建的菩提寺——薩迦寺（接近日喀則）——裡有一位二十五歲的青年僧侶名為貢噶堅贊。他向從印度逃亡而來、知識淵博的學者學習佛教教義，之後自己也成為一位大學者，被稱為薩迦・班智達（薩迦的權威）。他的外甥就是八思巴。

在喜馬拉雅山脈南方的北印度平原，至今為止都是佛教佔有優勢。但在大約二十年前，伊斯蘭教徒的阿富汗人首領——古爾家族的穆罕默德——率領騎兵隊從阿富汗入侵北印度，征服印度人的國王們，取得廣大的領土。從此以後，在印度，伊斯蘭教開始變得比佛教更具優勢。西元一二〇六年，穆罕默德在古爾遭到暗殺，古爾家族在阿富汗的領土被北方的花剌子模帝國併吞。而穆罕默德在北印度留下的王國由曾是其奴隸的突厥人將軍——庫特布丁・艾伊拜克——繼承，在德里建立了奴隸王朝。這個繁榮的德里蘇丹王國一直持續到西元一二九〇年。

在阿富汗的北方，楚河（今吉爾吉斯斯坦與哈薩克斯坦交界）畔的草原上，從東方移居此地的佛教徒契丹人建立了黑契丹（西遼）帝國。當時在位的是黑契丹最後一個古兒汗（皇帝）直魯古（天禧帝），在中亞地方展現強大的勢力。「黑契丹」在突厥語中有「黑色的契丹人」之意。今日，俄羅斯語稱中國為「契丹」，稱中國人為「契丹人」，便是受此影響。

黑契丹帝國的西方、鹹海南方的花剌子模地區（今烏茲別克斯坦西部），由突厥人伊斯蘭教徒所建立的花剌子模王朝日益茁壯。這個王朝的祖先也是突厥奴隸出身，世世代代都是黑契丹古兒汗的臣子。雖然如此，花剌子模掌管西突厥斯坦至伊朗高原一帶，是一個佔據伊斯蘭世界東半部的大帝國。當時的花剌子模王阿拉烏丁．摩訶末秘密計劃向黑契丹發動獨立戰爭。數年之後，摩訶末擊敗黑契丹大軍，完成獨立。

花剌子模的北方、哈薩克斯坦的草原向西，經過北高加索、烏克蘭直到多瑙河為止的廣大草原地帶，住著說突厥語的遊牧民族——欽察人。俄羅斯人將欽察人稱作「波洛韋茨」（Polovtsy），意指「淺黃色的人」。這些欽察人被當作奴隸大量販賣，從黑海北岸熱那亞人的港口都市輸出到地中海沿岸。漸漸的，在原本的地區再也看不到欽察人的身影。然而，輸出到埃及的欽察奴隸大多成為奴隸軍，終究讓他們建立了馬木路克王朝。

❖ 羅斯的公爵們

在欽察人遊牧的烏克蘭草原北端，有一個羅斯人的城市——基輔。羅斯人是在西元九世紀時從斯堪地那維亞渡波羅的海而來，在東斯拉夫人和芬蘭人的土地上建立國度。羅斯人在伊爾門湖的北岸建立了一個名為大諾夫哥羅德的城市，他們的首位領導者傳說是一位名叫留里克的人物。羅斯人另外也建立了多個城市，每一個城市都由留里克的子孫統治，這些諸侯被稱為「князь」。「князь」在日文一般被翻譯成「公」，相當於英文的「king」或德文的「könig」（王），指的就是日曼語中的「族長」。

「羅斯」這個字是「俄羅斯」的語源。現在的「俄羅斯人」指的是說東斯拉夫語的人，但原本並非如此。羅斯人是從斯堪地那維亞移居而來，也就是所謂的諾曼人。直至今日，芬蘭語仍稱瑞典為「Ruotsi」。

從北方的大諾夫哥羅德沿著聶伯河南下，穿越森林地帶來到草原，這裡就是基輔。羅斯人以基輔為根據地，掌握連接波羅的海與黑海的水路交通，與東羅馬帝國的希臘人進行貿易往來。由於與東羅馬帝國有這樣的貿易與外交，羅斯的基輔大公弗拉基米爾於西元九八八年，在克里米亞半島的希臘人城市——克森尼索（靠近今塞瓦斯托波爾）——受洗成為基督徒。

由於這個基督教屬於大本營在拜占庭的東方教會，因此羅斯人的基督教無論是聖經還是禮拜用語，照理應該全部使用希臘文。然而，正好當時在保加利亞出現了西里爾字母，用西里爾字母便可寫出斯拉夫語，因此羅斯人信仰的基督教使用的是斯拉夫語。有文字的語言與沒有文字的語言之間的競爭，前者佔有壓倒性優勢。因此，被羅斯人征服的斯拉夫人所用的語言，取代了羅斯人原本使用的語言。

西元一二〇六年，當時羅斯人的政治中心是一名為弗拉基米爾（莫斯科東方）的城市，由留里克的子孫弗謝沃洛德大公統治。弗謝沃洛德的兄長安德烈大公將政治中心從基輔搬到弗拉基米爾。當時的莫斯科還只是一個連城市都稱不上的小小要塞。

❖ 立陶宛人

羅斯人的國度以西，從現在的拉脫維亞、立陶宛至波蘭北部，住著波羅的人。波羅的人說的既不是斯拉夫語，也不是日耳曼語，而是自己獨特的語言。這種語言據說是在印歐語系中最具有古代特徵的語言。今日的拉脫維亞語和立陶宛語便屬於波羅的語系。

這個時期剛好是德意志人開始進入波羅的人的土地開墾。德意志騎士團進入現在波蘭的北部，波羅的系原住民的普魯士人終究逃不過被滅絕的命運。立窩尼亞（今拉脫維亞與愛沙尼亞）也受基督教徒的德意志人統治，西元一二〇一年建立了一座名為里加的城市，為了保衛里加的主教座堂，創立了寶劍騎士團。

被夾在東邊的立窩尼亞與西邊的普魯士之間，現今住在立陶宛的波羅的人是歐洲最晚接受基督教的國家，保護祖先傳承下來的諸神信仰。直到明道加斯國王統一了住在立陶宛的波羅的人，於西元一二五一年終於接受了基督教的洗禮。隨著明道加斯國王死去，他的王國也跟著瓦解，立陶宛人捨棄基督教，重新恢復了先祖以來的傳統信仰。一直到西元十四世紀，立陶宛人再度統一成為一個大公國，才又改信基督教。立陶宛大公國與南方鄰國的波蘭王國結合，成為了中歐最大的強國。

波蘭屬於使用西斯拉夫語的國家，在西元九世紀時接受基督教的洗禮，西元十一世紀時成為一個王國。西元一二〇六年當時，在克拉科夫（華沙的南方，接近捷克與斯洛伐克邊境）有一個出身皮雅斯特家族的國王。然而，國內領土分裂，公爵們各據一方，國王的實際權力十分薄弱。

在波蘭王國南方的匈牙利王國是馬扎爾人的國家，使用的語言屬於亞洲的芬蘭與烏拉爾語系。馬扎爾人在西元九世紀時從烏拉爾山脈沿著伏爾加河南下，進入北高加索、烏克蘭的草原，再往前到達了多瑙河中游地帶，闖入了斯拉夫人居住地的正中央。西元十世紀時接受基督教的洗禮，進而成為一個王國。

西元一二〇六年之時，匈牙利的首都為埃斯泰爾戈姆（布達佩斯的西北方），國王是出身阿爾帕德家族的安德烈二世。這個國王濫用王權且好大喜功，在大約十年之後，他計劃自己發起十字軍，遠征巴勒斯坦。但於西元一二二二年，在貴族們（西元九世紀移居之初，馬扎爾人征服者的子孫）的逼迫之下，簽下了承認貴族傳統特權的「黃金詔書」。

匈牙利王國的東南方是保加利亞第二帝國，這是從亞洲而來的保加爾人所建立的國家，公用語言為突厥語。今日伏爾加河的名稱來源與這裡曾經是保加爾人的國度有關。西元七世紀，保加爾人與欽察人一起在阿斯巴魯赫汗的率領之下進入巴爾幹半島，征服了使用南斯拉夫語的住民。西元九世紀，鮑里斯汗建立保加利亞第一帝國，並接受了基督教。

保加利亞第一帝國所採用的基督教屬於東方教會的基督教，教會的公用語非希臘語而是斯拉夫語。當然，這也是為了防止東羅馬帝國的干涉。

西元九世紀初，在現今的捷克有一名為摩拉維亞的國家，這是斯拉夫人最早建立的國家。在摩拉維亞有一對說著流利斯拉夫語的希臘人兄弟美多德與西里爾，他們用斯拉夫語開始向斯拉夫人布教。他們還發明了斯拉夫字母（格拉哥里字母），將福音書等翻譯成斯拉夫語。斯拉夫語在此首度成為有文字的語言。在美多德死後，他的弟子們被趕出了摩拉維亞。流亡至保加利亞的弟子們重新創造了西里爾字母，繼續以斯拉夫語布教。這是東方教會斯拉夫語的由來，西元十世紀末羅斯人所接受的基督教也屬於這個斯拉夫語的東方教會，這也是將來的俄羅斯正教。

保加利亞第一帝國在西元十一世紀初被東羅馬帝國消滅，到了西元十二世紀末，保加利亞人的彼得．阿森和伊凡．阿森兄弟宣布從東羅馬帝國獨立，以大特爾諾沃（索菲亞的東方）為首都，建立了保加利亞第二帝國。西元一二〇六年當時在位的保加利亞皇帝是第三代的卡洛揚。

❖ 東羅馬帝國

保加利亞帝國南方的拜占庭（君士坦丁堡／伊斯坦堡）在不久之前屬於東羅馬帝國的領土，但在西元一二〇四年第四次十字軍東征時，在威尼斯將領的計謀之下十字軍攻陷拜占庭，在此建立了拉丁帝國。當上首代拉丁皇帝的是佛蘭德伯爵鮑德溫。鮑德溫在西元一二〇五年敗給保加利亞的皇帝卡洛揚，被俘虜至大特爾諾沃並遭到殺害。繼位的是西元一二〇六年正在位的皇帝，也就是鮑德溫的弟弟亨利。

東羅馬帝國雖然被逐出了拜占庭，但並非就此滅亡。越過海峽向東，在靠安那托利亞一側對岸附近的尼西亞（今土耳其共和國的伊茲尼克），有一位拜占庭的貴族提奧多雷·拉斯卡利斯，企圖復興帝國，正好在西元一二〇六年時繼承皇位。提奧多雷的帝國稱作尼西亞帝國。到了西元一二六一年，尼西亞帝國滅了拉丁帝國，奪回了拜占庭。

尼西亞帝國東方、安那托利亞中央高原上，有一個由說突厥語的伊斯蘭教遊牧民族所建立的魯姆蘇丹國（塞爾柱帝國的延續政權），以科尼亞為首都。西元一二〇六年當時的蘇丹（王）是凱霍斯魯。西元一二一一年，凱霍斯魯被提奧多雷·拉斯卡利斯擊敗，戰死沙場。凱霍斯魯的兒子凱考斯繼位成為蘇丹，西元一二一四年佔領了北方黑海的港口城市——錫諾普。在此戰役中，他俘虜了特拉布宗帝國的阿萊克修斯·科穆寧皇帝。阿萊克修斯臣服於凱考斯之下，發誓效忠。

特拉布宗是位於錫諾普東方、靠近亞美尼亞邊境的黑海港口城市。現在土耳其語稱其為「Trabzon」（英語稱作「Trebizond」）。第四次十字軍佔領拜占庭、趕走東羅馬帝國時，當時是拜占庭貴族的阿萊克修斯·科穆寧逃往特拉布宗，在這裡坐上了皇位。特拉布宗帝國雖小，但仍持續了兩個半世紀的時間，直到西元一四六一年才被奧斯曼帝國的穆罕默德二世消滅。

❖ 阿尤布家族

塞爾柱帝國的南方是阿尤布家族的領土，範圍從今日的伊拉克、敘利亞、巴勒斯坦直到埃及。王權屬於伊斯蘭教徒的庫爾德人，開國始祖是薩拉丁。他最有名的是在西元一一八七年打敗十字軍，奪回耶路撒冷。當時距離十字軍第一次東征佔領耶路撒冷已經八十八年。之後，薩拉丁與英國國王理查（獅心王）講和，於西元一一九三年在敘利亞的大馬士革與世長辭。十字軍的王國只剩下巴勒斯坦的海岸線。因此，在西元一二〇六年當時，伊斯蘭世界西半部最強大的勢力就是阿尤布家族的蘇丹（王）。

阿拔斯家族的哈里發（哈利法，伊斯蘭政教領袖）在伊拉克的巴格達苟延殘喘。過去統治從西亞至北非全境的大阿拉伯帝國，偉大的哈里發家族意氣風發的樣子再不復存。當時的哈里發夾在東邊的花剌子模帝國與西邊的阿

西元十三世紀初的法蘭西與英格蘭領土

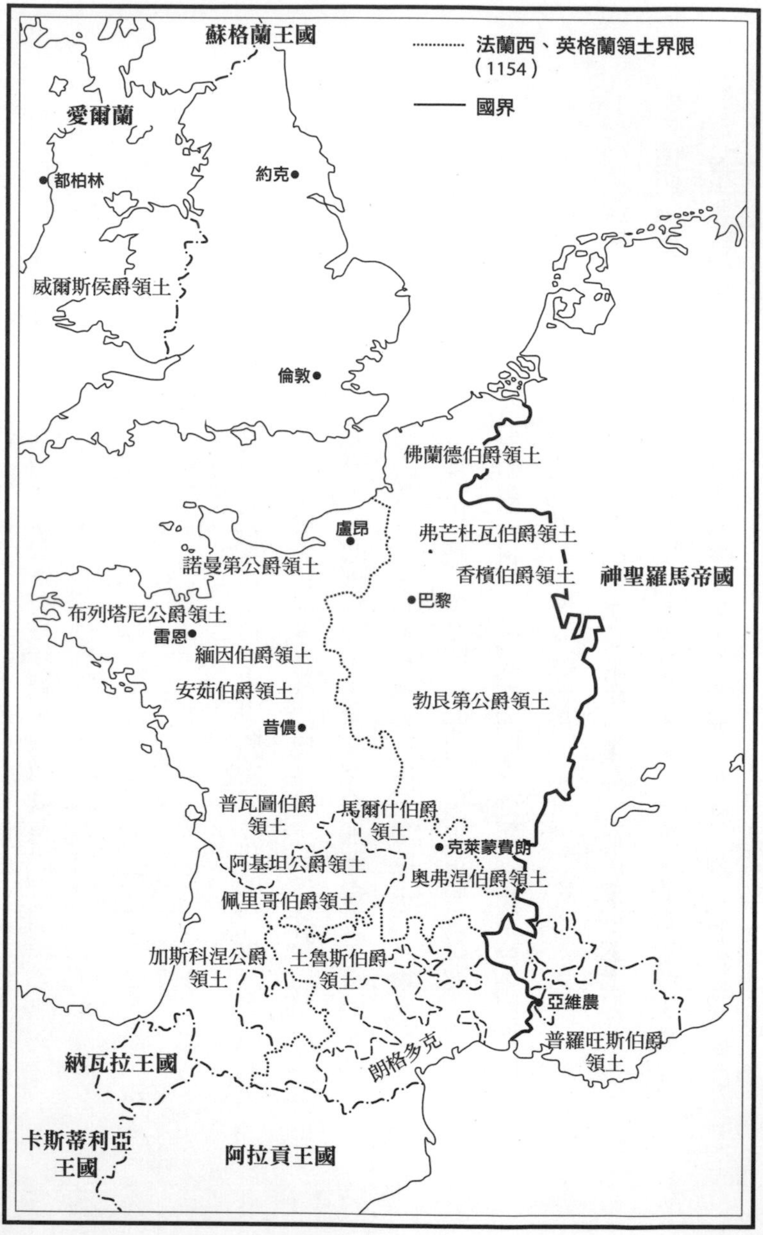

尤布家族之間，除了巴格達市內之外，幾乎沒有任何勢力。

簡單介紹了西元一二〇六年成吉思汗即位當時歐亞大陸的情勢。接下來再看看當時西歐的情形。順道一提，西歐在當時歐亞大陸世界只是個鄉下地方。

❖ 西歐

西元十三世紀初的西歐情勢簡單來說，當時沒有名為義大利、德國、法國、英國或西班牙的國家。今日我們所熟悉的這些國家，都是在之後才成立的。

從西西里島至義大利半島南端屬於諾曼人的西西里王國。西西里王國北部的義大利半島中部、北部（威尼斯除外），一直到今日的瑞士、奧地利、德國、荷蘭、比利時、法國東部的廣大地方，都是由德意志人霍亨斯陶芬家族的神聖羅馬皇帝統治。當時的羅馬教皇英諾森三世為了與霍亨斯陶芬家抗衡，與德意志人的韋爾夫家族聯手，遲遲不肯承認皇帝菲利普．馮．施瓦本的帝位。從此，皇帝黨（Ghibellini）與教皇黨（Guelfi）形成對立，長期影響了德意志人與義大利人的政治。

神聖羅馬帝國的西方鄰國為法蘭克人的王國，領土十分狹小，只有現在法國的東半部，且南僅到盧瓦爾河為止。現在法國的西半部，北從諾曼第，南至庇利牛斯山與地中海為止的廣大領土都屬於出身普蘭塔奈特家族的英格蘭國王（金雀花王朝）。當時的法蘭克國王是卡佩家族的腓力二世，他在西元一二〇二年時向當時的英格蘭國王約翰（獅心王理查的弟弟）宣布，沒收英格蘭在歐洲大陸地方的領土，引起了雙方的戰爭。戰爭的結果由腓力二世獲勝，贏得了加斯科涅以外所有在歐洲大陸地方原本屬於英格蘭王國的土地，首度統一了幾乎與今日的法國相當的國土。代表這塊土地的國名「法蘭西」（來自拉丁文的「Francia」，意指法蘭克人之國），也是從這個時候開始使用。

另一方面，英格蘭國王約翰被教皇英諾森三世趕出教會，無反抗之力的他終於在西元一二一五年，在貴族的逼迫之下簽署《大憲章》（*Magna Carta*），於隔年死去。

這時在不列顛群島，不久之前英格蘭國王亨利二世（理查國王與約翰國王的父親）發動了侵略戰爭，當時英格蘭和蘇格蘭是兩個不同的王國，且威爾斯也尚未被英格蘭合併。在愛爾蘭，面對愛爾蘭人的抵抗，英格蘭人僅能勉強站上海岸。也就是說，今日我們所知的英國（大不列顛與北愛爾蘭聯合王國），在當時尚不存在。

最後，在伊比利半島，北部有卡斯提爾、阿拉貢、納瓦拉、葡萄牙四個基督教國家。南部則是伊斯蘭教柏柏爾人穆瓦希德家族的領土。首都位於靠近非洲摩洛哥的馬拉喀什。

❖ 統治世界的天命

西元一二〇六年春天，在蒙古高原的一角，遊牧民族聚集在一起，選出了成吉思汗作為自己的最高領導者。東從太平洋，西至大西洋，歐亞大陸的各個國家幾乎都不知道這件事，就算知道，恐怕也不是那麼關心。然而他們卻萬萬沒有想到，這個事件是世界史上最大的事件。也就是說，這個事件是世界史的開始。

事實上，成吉思汗在即位的時候，藉由他的堂兄弟，也就是大薩滿闊闊出之口，下達了神的旨意：

這是永遠的天命。在天上，唯一永遠的是天神；在地上，唯一的君主是成吉思汗。這是我傳達給汝等的話語。只要馬可及、舟可達、使者可至、書信可傳的地方，都要將我的命令傳達給地上所有地方的所有人。聽到我的命令卻不遵從者，就算有眼也將看不見，就算有手也將舉不起來，就算有腳也將無法行走。這就是永遠的天命。

這道神詔指名成吉思汗為全人類的唯一君主，不肯歸順成吉思汗的人就等於不服從天命，無論是誰都將遭到毀滅的懲罰。收到天命，成吉思汗與其子孫率領蒙古大軍，為了達成上天所交付的神聖使命，準備發起征服世界的戰爭。這是世界的開端，在說明前因後果之前，必須先就「到底什麼是歷史」這個根本的問題做出說明。

❖ 歷史是文化

什麼是歷史？

一般說到「歷史」，大家普遍都會認為是過去發生過的事情的紀錄。然而這是不正確的，歷史並不單純只是過去的紀錄。

所謂歷史，是沿著時間與空間的雙軸，以超越一個人可以親身經歷的範圍尺度，把握、解釋、理解、說明與敘述人類居住的世界。

首先最重要的是，歷史與人類居住的世界息息相關。沒有人類的地方不可能有歷史。「人類出現之前的地球史」、「銀河系形成之前的宇宙史」等，是將地球或宇宙比擬成人類，將如果是人類可以當作歷史的東西，以比喻的方式稱作「歷史」，這樣的東西不是真正的歷史。

另一個重點在於，歷史與時間和空間息息相關。也就是說，廣大世界的這裡、那裡，或是之前、之後，發生了許多事情。而將這些事情整理並排序的便是歷史，這一點無論是誰都無法反駁。

然而，歷史所言的無論是時間還是空間，都遠遠超越了一個人可以親身經歷的範圍，這又是另一項重點。如果僅限於一個人可以親身經歷的範圍內，這樣的敘述頂多只能稱得上是日記或經驗談，不應該稱為歷史。自傳也可視為是一種歷史，因為自傳是擷取寫自傳的人所居住的廣大世界的一部分。

歷史所言的世界遠遠超過一個人可以到達的範圍。一個人自己不可能親身經歷在世界各地同時發生的所有事情，更不用說在自己出生前所發生的事。為了知道這些發生的事，必須借助自己以外的他人經驗。聆聽他人的話語、閱讀他人的著作等，是把握、解釋與理解世界的第一步。

空間遠遠比時間容易掌握。超過雙手可及範圍的空間，只要用走的就可以測量，再遠的地方，只要花上幾天的時間便可往返。也就是說，空間可以用自己的身體測量。

然而，時間卻並非如此。時間不是可以任意往返的東西，也不是用感覺就可以掌握的東西。看到某一個正在移動的物體，用移動的距離換算時間，我們總算才能夠感覺到「時間的長短」。換句話說，我們人類除了將時間空間化，用空間的長短計算之外，沒有其他測量時間的方法。

那麼，到底要如何測量時間的長短呢？找一個進行規律週期運動的物體，以那個週期為單位，將時間用同樣的「長度」做劃分。長夜過後太陽升起，進入白天。等到太陽西斜進入黃昏，西沉後進入夜晚。地球繞著自軸轉動的週期為「一日」。暗夜裡升起一彎新月，慢慢填滿成半月、滿月，之後缺成半月，慢慢又再度看不見月亮的身影。月亮繞著地球公轉的週期為「一月」。冬天之後是春天，春天之後是夏天，夏天之後是秋天，秋天之後又回到冬天。地球繞著太陽公轉的週期為「一年」。只要利用自然規律回歸原始狀態的週期，以週期的長度劃分時間，也就可以測量時間了。

然而，使用年、月、日等時間單位會有兩大問題。其一，「一日」這個單位雖然很簡單，使用起來也很方便，但這個「一日」指的是一月中的哪一日？相同的，「一月」這個單位指的又是一年中的哪一月？如果需要將發生的事情排列先後順序，那麼必須將各月各日取名字，或是加以編號以做區別。取名「寒月」、「熱月」，或是「下雨日」、「颳風日」等或許也是不錯的辦法，但如此一來名字很容易重複，搞不清楚到底是哪一月的「下雨日」？或是哪一年的「寒月」？

另一個問題，就是人的一生遠遠超過一年。一個人的一生要經歷許多年頭，如此一來，到底要怎麼區分這些年頭呢？以比一年還要長的週期做劃分，將年整合起來或許也是一個辦法，但要找到比一年長的規律週期不是一件簡單的事。木星繞太陽公轉的週期大約是十二年，也是有像這樣比較長的週期。然而，「一日」、「一月」、「一年」是在地球上可以清楚看到環境變化的週期，無論是誰都可以直接感受到。但是，木星的公轉週期在地球上看不到任何環境的變化，因此，除非是擁有黃道十二宮星座知識的占星師，對於一般人而言，十二年的週期無法簡單辨識，使用起來不方便，不具實用性。而且，十二年的時間，比起一個人的一生還是短很多。如此一來，同樣會產生重複相同的週期、無法加以區別的問題。

最終的解決辦法是將以年、月、日劃分的時間編號，用數字保存過去的時間並管理未來的時間。這就是曆法的起源。

然而，在製作曆法的時候還有另一個大問題。到底要用哪一年當作第一年起算呢？這也就是紀元的問題。根據物理學家史蒂芬・霍金的說法，時間與空間是在大約二百億年前突然出現的東西，我們的宇宙從那時開始不斷膨脹。終於宇宙停止膨脹，轉而收縮。等到哪一天宇宙的收縮達到極限，時間又會和空間一起再度消失。

因此，時間是有限的東西，有始也有終。但如果從宇宙出現的時候開始計算，那麼數字過於龐大，並不實用。如果宇宙是最近才開始的事情，那麼又另當別論。猶太教與基督教以《舊約聖經》為基礎，計算出了多種開創天地年代的紀元。其一是在西元前五五〇九年，以雅威（耶和華）開創天地為紀元。俄羅斯直到西元一七〇〇年一月一日——彼得一世的時代——使用的都是這個紀元。

把這個暫且放一邊，一般的做法是決定一年當作紀元元年，依序編號。以拿撒勒的耶穌誕生之年當作元年的基督教紀元便是其一。也就是說，紀元元年是哪一年都可以，只要決定從某一年開始計算即可。接下來只要依序編號，便可區分年、月、日。

就像這樣，與使用自己的身體就可以測量的空間不同，需要相當高度的技術才能將時間空間化，用眼睛就能夠測量。因此，根據技術發達的程度不同，對於時間的感覺也有很大的差異。有人將去年發生的事、三年前發生的事、十年前發生的事、百年前發生的事全部歸類成「以前」的事，不加以區別。也有人明顯區別今天中午發生的事與今天下午發生的事。就像這樣，對於時間的「細微度」與「深度」的感覺，根據人類集團或文化的不同，有著非常明顯的差異。時間本身屬於物理，但人類對時間的態度則屬於文化。而與時間和空間兩者息息相關的歷史也並不是一開始就存在於自然界的東西，同樣屬於文化的領域。歷史是文化，根據人類集團的不同有不同的文化，因此每一個集團都有屬於各自定義「這是歷史」的東西，與其他集團主張「這是歷史」的東西大不相同。也就是說，世界的人類不可能這麼簡單地擁有共通的歷史，也就是世界史是不大容易出現的。

與對於時間的感覺相同，和歷史密不可分的是文化要素，也就是紀錄。寫下在自己眼中的世界，希望在當時的狀態不復存在的未來時間裡，這些紀錄可以喚起一些記憶。這屬於高度文化，由自然所孕育並與自然一同生活的人類，是不可能這麼輕易地就想出要留下紀錄這件事。另外，為了留下紀錄，必須要有不輸給測量時間的高度技術。創造文字、學習文字、活用文字，這些當然也是文化的一種，但在沒有文字的地方，在木頭上刻紋、在繩子上打結、記憶數字等也都是紀錄的文化。西非布吉納法索的摩西族雖然沒有文字，但有一種職業的人世世代代將王家的由來口說傳承。在宮廷儀式的場合上，不改變一字一句，清楚朗誦歷代國王的事蹟，這也是想要留下紀錄的表示，屬於文化的一種。不過，只靠口耳相傳，歷史是無法成立的。有了曆法與文字，才可能有歷史這項文化。

❖ 沒有歷史的文明——印度文明

歷史是文化，但並非世界中的每一種文明都有歷史這項文化。在世界眾多文明之中，可分為擁有歷史這項文化要素的文明，與沒有歷史這項文化要素的文明。實際上，沒有歷史的文明遠多過擁有歷史的文明。

世界雖廣，但擁有自己歷史文化的文明只有地中海文明和中國文明。沒有歷史的文明之中，最具代表性的就是印度文明。在印亞大陸，從很古老的時代開始都市文明就非常繁榮，同時擁有完善的曆法與文字。但儘管如此，印度文明仍有很長一段時間都沒有歷史這項文化。

從西元前三千年至西元前二千年為止，在北印度平原上，摩亨佐—達羅和哈拉帕是印度河流域文明的重要城市，當時已經有了尚未被解讀的文字，甚至還有刻印的印章。由於完全沒有傳承讓後代知道這個文明到底是誰創造的，因此印度河流域文明的時代必須歸類為史前時代。

到了西元前二千年，雅利安人從北方入侵，在北印度平原各處建立了新的城市。這些城市裡都有一個「拉者」（酋長／王者），士兵們聽從他的指令，商人們在城市裡做生意。他們擁有文字，並留下了《吠陀》等宗教文獻。雖然如此，在北印度的眾多城市國家中，並沒有留下可以稱得上是歷史的著作。到了西元前六世紀，摩揭陀王國的頻毘娑羅王在恆河中游建立霸權，一直到西元前四世紀都維持強大的勢力。然而，在那個時代，印度剛好興起了佛教與耆那教，而關於各個國王的事蹟僅少數記載於宗教經文中，並沒有整個王國的完整歷史。

與摩揭陀王國同時代，西北印度的旁遮普地區屬於阿契美尼德王朝波斯帝國的行省（Satrapeia）。到了西元前三二七年，馬其頓王國的國王亞歷山大率軍入侵。亞歷山大一世雖然很快就撤軍，但這個侵略行動卻打開了北印度平原與地中海直接的交通。受到這個刺激，不久之後孔雀王朝便統一了北印度。從這時起才真正出現了被稱為印度的國家，印度文明可說是從這個時候開始的。

孔雀王朝首任的旃陀羅笈多國王與第二任的賓頭娑羅國王，兩人的名字都出現在同時代的希臘人的紀錄中，因此可以確定這兩人是這個時代的人。至於第三任的阿育王，他在帝國各地建起石柱，並在上面刻文，記錄了該地與自己相關的事蹟。這雖然是一種紀錄，但上面並沒有標明時間，因此稱不上是歷史。另外有一本名為《政事論》（*Arthaśāstra*）的書籍，內容是關於帝國的政治與經濟。據說這是由擔任旃陀羅笈多國王最高顧問的考底利耶所寫，但這也並非是歷史書籍。

西元前二世紀，孔雀王朝瓦解之後，北印度地方小國林立，更加不是適合寫歷史的環境。大致而言，這樣的狀況一直持續千年，直到西元九九七年起阿富汗的伊斯蘭教徒開始入侵北印度，在西元一二〇六年成吉思汗即位的同一時間，伊斯蘭教徒的突厥人在德里建立了奴隸王朝為止。從奴隸王朝開始，印亞大陸首度開始記錄年代。換句話說，有歷史的伊斯蘭文明將歷史帶進了印度，印度文明本身終究沒有歷史。

印度文明有城市、有王權、有文字，在此情況下有歷史也不足為奇。然而，為什麼歷史一直無法出現在印度文明中呢？解開這個謎題的關鍵在於印度人的宗教。

在伊斯蘭教進入之前的印度宗教，無論是佛教、耆那教還是印度教，都有輪迴（Samsāra）思想。六道眾生（天、人、阿修羅、畜生、餓鬼、地獄等六種形體）在壽命終了之後，都會依據生前所積的業（karma），以上等或下等生物的形體重獲新生，再一次經歷從最初到最後的一生。這個過程將永遠不斷地重複。歷史的對象原本是人世間所發生的事，但若依照輪迴的想法，僅在人世間無法了結因果，與在神、鬼、幽靈、其他的動物以及死者等人類無法了解的世界中所發生的事情也有關聯，這麼一來歷史根本沒有辦法整合。此外，在這樣的想法之下，時間整體不再有連貫性，無論擷取哪一個部分都是獨立且擁有各自不斷循環的小圈圈。也就是說，既沒有開頭也沒有結尾，沒有前也沒有後。在如此情況之下，歷史根本不可能成立。

另一個印度文明沒有歷史的原因是階級制度的存在。在階級制度下的社會，與自己不同階級的人，感覺不同屬於人類，反倒像是異種生物。而且，階級的劃分之細微，幾乎有無數種階級。因此，像歷史這種超越階級之分、將所有人類視為一大集團處理的東西，不可能存在於這樣的社會之中。不承認階級制度的伊斯蘭教徒進入印度，讓印度有了歷史，這便是最好的證據。

❖ 沒有歷史的文明——馬雅文明

沒有歷史的文明不僅印度文明，美洲大陸的兩大文明——中美洲的馬雅文明以及南美洲的祕魯古文明——也都是沒有歷史的文明。

印加帝國所孕育的祕魯古文明雖然有偉大的城市與強大的王權，但既沒有文字也沒有曆法，當然也就沒有歷史。相反的，馬雅文明的城市從西元三世紀始便有由大約八百字所形成的文字體系，也有精密的曆法。以西元前三一一四年八月十一日為起點，以十四萬四千日（三百九十四年餘）為週期，正確地表記出數千年的日期。另外，馬雅人還組合十三日與二十日的週期，創造出二百六十日的曆法。再利用十八個二十日的週期加上多出來的五日，創造出三百六十五日的曆法。組合兩者所得到的一萬八千九百八十日（少於五十二年）則是另一個週期。有趣的是，無論是哪一個週期都與月球公轉的週期（一月）和地球公轉的週期（一年）無關。

從西元二九二年到九〇九年，碑文上都刻著用這樣精密的曆法所推算出的日期。這些碑文刻著各個馬雅國王治世期間所發生的大事。很明顯的，當時的馬雅人已經有將發生的事情記錄下來的意識。在停止刻碑文之後，從西元十三世紀開始，馬雅人用無花果樹造紙，以圖記事。然而，這些圖的內容多半與宗教儀式有關，既不是紀錄，也不是歷史。馬雅文明本身尚未出現整合紀錄創造歷史的文化。

之後，西班牙人渡大西洋而來，在西元一五〇二年首度與馬雅人接觸。再之後，雖然也出現了許多馬雅人用數字標記的編年史，但當中的記述混雜著現實的事件與預言，極難辨別。瓜地馬拉出土的《波波爾・烏》，其內容也是在人類世界開始前的神話。會出現這樣的著作也許是因為在接觸到有歷史文明的西班牙人之後，在沒有歷史文明的馬雅人心中，萌起了「歷史意識」。

❖ 對抗文明的歷史文化

歷史是獨立發生在地中海世界與中國世界的文化。有歷史的文明原本只有地中海文明與中國文明。其他有歷史的文明，不是從有歷史的文明中獨立出來的文明，就是與有歷史的文明對抗，或是沒有歷史的文明借用有歷史的文明中的歷史文化。

例如日本文明。西元六六八年（天智天皇即位）建國當初便有完整的歷史。但這是從有歷史的中國文明獨立出來的結果。

西藏文明雖然是從沒有歷史的印度文明中獨立出來的文明，但卻留下了《編年紀》，記錄從松贊干布國王建國的西元六三五年起每年所發生的大事，這是不折不扣的歷史。而這也是由於西藏與唐朝的文明對抗，而唐朝屬於有歷史的中國文明。

伊斯蘭文明從一開始就具備歷史的文化要素，但這一點本身就很不可思議。如果說阿拉是唯一全能的真神，宇宙間所有的事情都仰仗阿拉無比的意志所決定，那麼每一件事都是單獨的偶然，想要用理論的方式找出事件之間的關係，那就等於是企圖對阿拉不敬。如此一來，歷史的敘述本身就不可能成立。

話雖如此，伊斯蘭文明在西元六世紀穆罕默德於麥加得到天啟開始傳教之後，就已經有了歷史。理由之一是信者生活上的需要。《古蘭經》是將穆罕默德得到的天啟，以阿拉的話語記錄下來的書籍。但並非所有信徒所希望的指引都記載在《古蘭經》當中。穆罕默德在世期間，信徒向他請教關於《古蘭經》中所記載的事情，請他做判斷。大家口耳相傳穆罕默德所做的各項回答，其量之龐大，最後集結成名為《聖訓》的大批文獻。每一段文獻都會註明這是由某某品行端正的信徒向穆罕默德請教，這個信徒轉述給某某信徒，那個信徒又轉述給某某信徒。就像這樣，文獻中一定會記載傳播的路徑與傳播人的名字，用來保證這是可以信賴的傳承。這些名字出現在《聖訓》中的信徒們，終於有了關於他們的傳記書籍。這也是伊斯蘭文明很早就有歷史的另一個原因。

然而，最大的原因在於伊斯蘭文明與有歷史的地中海文明對抗，與羅馬帝國為鄰。猶太教是地中海文明的宗教之一，在穆罕默德出生的西元六世紀，猶太教傳播到了阿拉伯半島。穆罕默德本身也受到猶太教的影響，每日向位於猶太教最初聖地耶路撒冷的聖殿朝拜。

猶太教聖典《舊約聖經》當中有許多具有編年史特質的部分，藉由耶和華與以色列之間的契約關係說明以色列人的命運，表現出另類的歷史觀。這個歷史文化的成立是在西元前七世紀末，發生在今日以色列南方的猶大王國。那個世代正值亞述帝國末期，而猶大王國不久之後也將被新興的新巴比倫帝國滅亡。從那時起也開啟了以色列人淪為「巴比倫之囚」的苦難。

伊斯蘭教的歷史文化，更直接而言是源自於羅馬帝國。羅馬帝國的地中海文明存在著兩種歷史文化。其一是西元前五世紀，從希羅多德開始的希臘系歷史文化。另一種則是透過基督教進到羅馬帝國的猶太系歷史文化。基督教原本是猶太教的支派之一，因此基督教中也繼承了猶太教的歷史觀，而基督教在西元四世紀時，成為了羅馬帝國的國教。這是發生在穆罕默德出生前一個半世紀的事情。

有歷史的文明與沒有歷史的文明對抗時，有歷史的文明通常都佔有優勢。其中一個原因在於，如果起了紛爭，有歷史的文明可以引經據典地主張

「這個問題起源於某處，根據問題的來龍去脈分析，自己才是對的」。而對於沒有歷史的文明而言，則無法找出有效的方法反駁對方的主張。

另一個理由則是，有歷史的文明除了活在現在之外，也活在過去。因此更可以仔細思考事情的條理。只要事情有條理，吸取過去的經驗可以讓當下更為清楚，甚至可以預測未來。就算心中的腳本實際上是錯誤的，但對於未來，還是可以做出某種程度的準備。

然而，對於沒有歷史的文明而言，除了活在現在之外別無他法。過去與現在、現在與未來之間的關係不明確，就算想預測未來也沒有辦法。對於一連串無預警發生的事情，都只能在發生之後才來對應。事前無法決定任何方針，什麼事都總是晚了一步。

除非擁有強大的軍力，無論什麼情況都可以用武力壓制對方，否則沒有歷史的文明總處於不利的地位。因此，原本沒有歷史的伊斯蘭文明，也為了對抗地中海世界的羅馬帝國，而必須採用歷史文化。

歷史是一項強大的武器。正因為歷史是強大的武器，沒有歷史的文明在與有歷史的文明對抗時，必須想辦法創造出自己的歷史，獲得歷史這項強大的武器。正因為這個理由，歷史這項文化從發祥地的地中海文明與中國文明不斷地被其他原本沒有歷史的文明複製，即一個文明「傳染」給另一個文明。

雖然如此，原本沒有歷史的文明就算採用了歷史文化，但其歷史的力量仍然薄弱。第一次世界大戰後的二十世紀，當時的世界帝國主義與民族主義對立、資本主義與社會主義對立，再加上民主主義與極權主義對抗。在這當中沒有一個本質性的對立，現代世界真正的對立應該是有歷史的文明對抗沒有歷史的文明。

日本與西歐屬於有歷史的文明。然而，美利堅合眾國從十八世紀初起便捨去歷史，以民主主義的意識型態為建國基礎。現在已經解體的蘇聯，大家都知道是以馬克思主義的意識型態為建國基礎。蘇聯前身的俄羅斯帝國原本屬於蒙古文明的一部分，然而，俄羅斯帝國卻否認這段歷史，移花接木似地接上了地中海文明的歷史，結果發展並不順利。在俄羅斯革命時捨去了歷史，轉換意識型態之後所建立的國家便是蘇聯。

現代世界對立的真正架構是沒有歷史的美利堅合眾國，以強大軍力對抗以歷史武裝的日本與西歐。正因如此，屬於有歷史文明的日本應該把握現在的世界，為了能夠預測未來世界，更應該徹底理解歷史這項文化的本質。

然而，這裡最大的問題在於地中海文明的歷史文化與中國文明的歷史文化，其性質完全不相同，就像水與油一般無法混合。因此，就算將地中海型的歷史（西洋史）與中國型歷史（東洋史）放在一起，也不可能得出單一的世界史。接下來將會說明為什麼會如此。

第二章

對立的歷史——地中海文明的歷史文化

❖ 歷史之父希羅多德

地中海文明的「歷史之父」是西元前五世紀的希臘人希羅多德。希羅多德出生於安那托利亞的海岸城市哈利卡那索斯（今土耳其共和國的博德魯姆）。他的著書《歷史》，內容主要是講述有關波斯戰爭的故事。

「歷史」的希臘文（羅馬拼音寫成「*historiai*」，為單數形。「*historiai*」為複數形）是英文「history」與法文「histoire」的語源，原本並不是「歷史」的意思。希臘文的「histor」是含有「知道」之意的形容詞，「historein」則是含有「調查後知道」之意的動詞。從中衍生出的名詞是「*historia*」，真正的意思為「研究」。希羅多德將經過自己調查後所得知的事項寫下，因此才會將著書取名為《研究》，但由於這是地中海世界最初的歷史書籍，因此才又賦予「*historia*」一詞「歷史」的意思。從這裡也可看出，在希羅多德之前的時代，歷史的觀念尚不存在。

希羅多德書中的波斯戰爭是從很古早以前的時代開始寫起。書中記述如下：

波斯帝國之前的西亞與東地中海

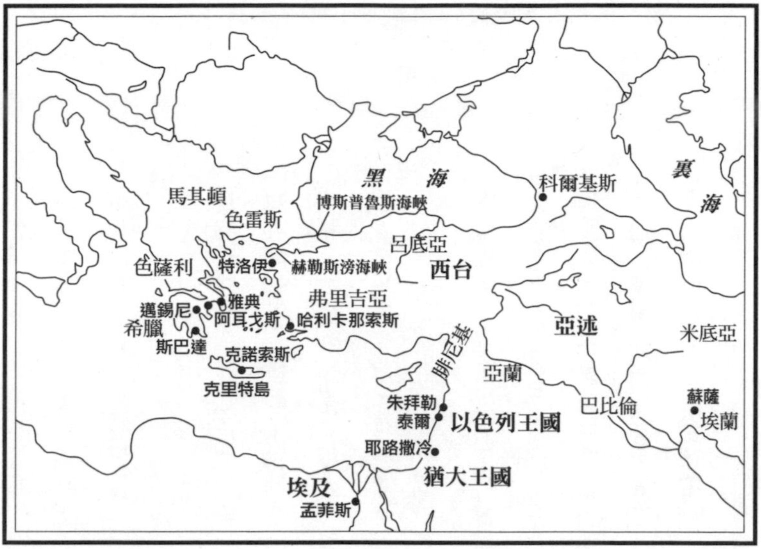

根據波斯學者的說法，腓尼基人是一切爭端的起因。根據他們的說法，腓尼基人從「紅海」（波斯灣）遷移到了這邊的海（地中海）。腓尼基人定居於現在居住的地方之後，馬上展開了遠洋貿易，將埃及、亞述的貨物運到各地，其中也包括阿耳戈斯。在今日被稱為希臘（Hellas）的地區當中，當時的阿耳戈斯無論在各方面都是最強大的國家。腓尼基人來到了阿耳戈斯，開始販賣他們所帶來的商品。就在第五、六日，當商品賣得差不多時，有一大批女子來到海岸邊，國王的女兒也混在其中。與希臘的傳說相同，這位公主正是伊納科斯國王的女兒伊俄。女子們站在船尾，挑選各自想要的商品。這時，腓尼基人相互使了個眼色，偷襲了這群女子。大部分的女子雖然都順利逃脫，但伊俄和其他幾位女子卻被抓住。腓尼基人乘船將這些女子帶回了埃及。

這個最初的事件正是之後一切紛爭的開端。在這個事件之後，有幾個不知名的希臘人襲擊了腓尼基的泰爾城，擄走了國王的女兒歐羅巴。這些希臘人被認為是克里特人。雙方一來一往原本應該是扯平了，但之後希臘人又犯下了第二件惡事。

希臘人乘坐軍船來到了科爾基斯地方（南高加索）的埃亞，在發西斯河（格魯吉亞的里奧尼河）完成了渡航的目的之後，擄走了國王的女兒美狄亞公主。科爾基斯國王派使者前往希臘要求希臘人賠償並交還公主。然而，希臘人的回答卻是「之前你們擄走阿耳戈斯公主時沒有做出賠償，所以我們也不會賠償」。

波斯人相傳，進入到下一個世代之後，普里阿摩斯之子亞歷山大（帕里斯）知道了上述的來龍去脈，他一定是認為既然希臘人沒有做出賠償，那麼自己也不需要賠償，於是從希臘擄回了適合當自己妻子的女子。帕里斯擄回了海倫之後，希臘派遣使者要求歸還海倫，但帕里斯卻以希臘擄走美狄亞公主的事件為擋箭牌，怒斥希臘之前既不賠償也不歸還公主，竟然還敢來要求賠償。在這件事之前雙方最多就是互相擄人，但之後希臘人卻犯下了滔天大罪。在波斯人（亞洲人）向歐洲進攻之前，希臘人率先向亞洲進軍。

根據波斯人的說法，亞洲地區沒有擴大公主被擄的問題，但希臘人卻為了斯巴達的女人召集大軍向亞洲進軍，滅了普里阿摩斯的國家（特洛伊）。從此之後，希臘人就成了自己（波斯）的敵人。波斯人將亞洲與住在亞洲的非希臘諸民族視作自己的一部分，與歐洲和希臘是不同的個體。

希羅多德將以上波斯戰爭的由來說成是「波斯學者的說法」。當然，這其實是希羅多德自己的想法，也就是他的「研究」成果。然而，他認為如果說是自己的研究成果，讀者恐怕不相信，因此才特地說是「波斯學者的說法」。

無論如何，希羅多德將自己所知的世界分成亞洲與歐洲，並從希臘神話當中挑選出了四個被認為發生於亞洲與歐洲之間的事件，論說這些事件所產生的怨恨不斷地在亞洲與歐洲地方累積，最終成了引發波斯戰爭的主因。

❖ 被扭曲的神話

事實上，希羅多德所引用的希臘神話經過其大幅扭曲。

最初誘拐伊俄的故事，在一般的希臘神話裡是這樣的。在《歷史》中被寫成是國王的伊納科斯原本應該是希臘阿耳戈斯地方的河神，他的女兒伊俄原本是女神赫拉的巫女。赫拉的丈夫天神宙斯愛上了美麗的伊俄，把伊俄變成了一頭小牛。嫉妒心重的赫拉派「百眼巨人」阿耳戈斯監視伊俄，宙斯卻命赫爾密斯神殺了阿耳戈斯。震怒的赫拉又派出牛蠅日夜騷擾伊俄。為了躲避牛蠅的騷擾，伊俄走遍各地，最後到了埃及，在這裡才終於又變回人形，並產下一名男嬰，取名為艾帕佛斯。伊俄成為了埃及女神伊西斯，而艾帕佛斯則成了牛神阿庇斯。艾帕佛斯被赫拉擄走，來到了朱拜勒（黎巴嫩海岸的迦巴勒）。伊俄緊追在後，在朱拜勒與艾帕佛斯重逢，成為了腓尼基的女神阿斯塔蒂。

這個神話與希臘的阿耳戈斯、埃及、腓尼基等三個地方有關，的確反映了古代地中海的貿易情勢，但登場的人物全都是神。把這個神話轉換成發生在人類世界的事件，並將始作俑者歸咎於腓尼基人，這便是希羅多德為了將神話轉變為史實所動的手腳。

第二個事件原本也完全是神話。與前一個神話相同，偷襲腓尼基的泰爾城、擄走了歐羅巴公主的克里特島上的希臘人其實就是宙斯。神話當中歐羅巴是腓尼克斯（含有「腓尼基人」之意）的女兒（後來傳說是腓尼基國王阿革諾耳的女兒）。宙斯愛上了美麗的歐羅巴，化身成一頭白牛接近歐羅巴，讓她騎在自己的背上，帶著她過海來到了克里特島。歐羅巴在克里特島生下了克里特未來的國王米諾斯等人。米諾斯死後成了冥界的國王。

宙斯在希臘人進入希臘之前就被認為是天神，然而克里特島的宙斯卻不同。克里特島的宙斯指的是他們在希臘人進入前就擁有的信仰，也就是愛琴文明的神。而「歐羅巴」原本也不是人的名字。「歐羅巴」在希臘文中含有「眼寬的女神」之意，與赫拉的稱呼（牛眼女神）相同。歐羅巴是住在克里特島的人所信奉的女神。腓尼基人的確曾在克里特島上進行海上貿易，而希羅多德同樣把原本是神話的故事刻意改成發生在人類世界的事件，說明這是發生在腓尼基人與住在克里特島上希臘人之間的事件。

第三個故事中的美狄亞公主是歐里庇得斯的悲劇女主角。她是希臘色薩利地區所信奉的女神，專門掌管魔法。她出現在「阿爾戈英雄航海記」（搭乘阿爾戈號的船員們）尋找金羊毛的冒險神話中。

色薩利的伊奧科斯王子伊阿宋，他父親所留給他的王位被叔父所奪，在叔父的命令之下，伊阿宋前往黑海另一端，從科爾基斯地方（南高加索）的埃亞取回金羊毛。金羊毛擁有飛天的魔法，掛在埃亞軍神阿瑞斯的聖林裡，由火龍日夜看守。為了這趟冒險，希臘打造了第一艘軍船阿爾戈號，並召集了五十名勇士。在歷經重重困難，經過多個國家之後，船終於到達了科爾基斯。科爾基斯國王答應送上金羊毛，但條件是伊阿宋必須將牛軛套在鼻孔噴火、長著青銅蹄的牛上犁田，並種下巨龍的指甲。愛上伊阿宋的美狄亞公主幫助他完成了這些艱難的任務，並打敗了種下巨龍的指甲後所冒出來的士兵。趁著美狄亞公主用魔法讓巨龍沉睡之時，伊阿宋拿走了金羊毛，與美狄亞公主一起逃上了阿爾戈號。美狄亞公主將幼弟斬成碎片拋向海裡，順利擺脫了科爾基斯國王派來的追兵。回到伊奧科斯之後，伊阿宋背叛了美狄亞，娶了新的妻子，美狄亞一氣之下殺了自己所生的孩子們與伊阿宋的新妻，回到了科爾基斯。

這個傳說反映了希臘人的黑海貿易，但腓尼基人並未登場。

至於希羅多德所引用的第四段故事，當然就是荷馬著名的史詩《伊利亞德》中所寫的特洛伊戰爭。

色薩利國王佩琉斯與海洋女神忒提斯的婚禮上邀請了許多神來參加，但唯獨「不和女神」埃里斯沒有被邀請。埃里斯懷恨在心，在婚禮上拋出了一顆金蘋果，上面刻著「最美麗的東西」。赫拉、雅典娜以及阿芙蘿黛蒂三個女神都認為自己才是最配得上這顆金蘋果的人，彼此爭論不休。天神宙斯將這個難題交給了帕里斯，即亞歷山大（特洛伊王子）。帕里斯是達達尼爾海峽安那托利亞沿岸特洛伊城（又名Iliupersis）的王子，當時他正在艾達山放羊。為了得到最美麗女神的稱號，赫拉答應給帕里斯王權，而雅典娜則答應授予帕里斯勇氣。然而，帕里斯選擇了答應讓他得到世上最美麗女人的阿芙蘿黛蒂，把金蘋果給了阿芙蘿黛蒂。此舉點燃了赫拉與雅典娜的怒火。帕里斯在阿芙蘿黛蒂的幫助之下與亞該亞（希臘的古稱）的斯巴達王國王妃海倫陷入熱戀，兩人一同逃往了特洛伊城。由於特洛伊人拒絕歸還海倫，於是斯巴達王國墨涅拉俄斯國王向亞該亞境內各個城市要求援軍，組成了討伐特洛伊的大艦隊。亞該亞大軍在墨涅拉俄斯的兄長，也就是邁錫尼王國的阿伽曼儂國王的指揮之下，進攻特洛伊城，眾神分別加入雙方戰營。亞該亞大軍包圍了特洛伊城長達十年，但始終沒能攻下。亞該亞大軍佯裝退軍，留下了一隻巨大的木馬。當特洛伊人打開城門將木馬拖進城時，藏在木馬內的亞該亞大軍一躍而出，終於攻破了特洛伊城，殺光了所有特洛伊人。

這個特洛伊戰爭的傳說反映出了被稱為亞該亞人的民族，從西元前十三世紀至西元前十二世紀活躍在東地中海一帶的時代情勢。這件事情本身也許是事實，但希羅多德前面所寫的三個故事與特洛伊戰爭故事的性質並不相同。最初的兩個完全是神話，而第三個故事則是以魔法為主題的童話故事。

此外，四個故事發生的地點都不相同。第一個故事發生在阿耳戈斯與腓尼基，第二個故事發生在克里特島與腓尼基，第三個故事發生在伊奧科斯與阿耳戈斯，第四個故事則發生在斯巴達與特洛伊。因為腓尼基人擄走了阿耳戈斯的公主，所以伊奧科斯斯人不願意歸還科爾基斯的公主，這本身就不合邏輯。

就算可以把希臘整合成一塊，但對手的腓尼基（黎巴嫩）、科爾基斯（南高加索）以及特洛伊（安那托利亞）的整合要到西元前六世紀，等到阿契美尼德王朝波斯帝國支配整個地區之後，而這些神話和傳說早在這之前就已經開始流傳。

希羅多德其實也知道自己的說明有些勉強。他將「亞洲與住在亞洲的非希臘諸民族」歸成一類，並強調「亞洲與歐洲和希臘是不同的個體」是「波斯人的說法」，這是為了掩飾這其實都是自己的「看法」這件事。

❖ 對立的歷史觀

希羅多德所寫的《歷史》借波斯學者之名提出的看法，將世界劃分成歐洲與亞洲，主張歐洲與亞洲從很久以前就不斷地對立與抗爭。這樣的看法成了地中海世界首部歷史書的基礎論調，「歐洲與亞洲的敵對關係」，這樣的歷史觀成了地中海文明的歷史文化。

這樣的敵對歷史觀貫穿西歐的古代、中世紀、近代，甚至到了現代仍是國際關係的基礎論調。由於這樣的論調過於普遍，反而讓西歐人、日本人或是其他國家的國民不自覺世界籠罩在這樣的歷史觀之下。然而，希羅多德的歷史觀與所創造出的地中海文明的歷史文化，至今為止在世界上引發了許多不幸的事件，從今以後恐怕也將會是其他許多悲劇的主因。

希羅多德的《歷史》是希臘人用希臘文所寫的第一本史書，但書中卻沒有記載任何希臘人的歷史。書中寫的全都是波斯帝國的歷史，一開始寫的是呂底亞王國（安那托利亞，西元前七世紀至西元前五四六年）的故事，之後是米底亞王國（伊朗北部，西元前八世紀至西元前五五〇年）的故事。這兩個王國被接下來的波斯王朝首代君主居魯士整合，這個部分是敘述波斯帝國興起（西元前五五〇年）的前言。

之後敘述的是居魯士國王征戰的故事，他征服了安那托利亞海岸的希臘人城市和巴比倫，在遠征馬薩革泰人的時候戰死（西元前五二九年）。第二代的岡比西斯征服了埃及（西元前五二五年）。在這裡，希羅多德詳述了各地方的情勢。接下來說明波斯軍遠征利比亞（非洲）與各地情勢之後，希羅多德終於進入了《歷史》的正題。

波斯軍攻陷了希臘北方的色雷斯和馬其頓，一步步向希臘逼近。於是，希臘人的城市聯合起來準備對抗波斯軍。這時波斯帝國第四代的薛西斯國王召集了帝國內的所有民族，親自率領一百七十萬大軍，於西元前四八〇年出發遠征希臘。在赫勒斯滂（達達尼爾）海峽分別用三百六十艘和三百四十艘船搭起了兩座船橋，波斯大軍就這樣進入了歐洲。

希羅多德是這麼敘述的：

大軍一抵達阿拜多斯（靠近安那托利亞一側），薛西斯便興起了閱兵的念頭。接收到王命的阿拜多斯人在小山丘上搭建起了一座白色大理石眺望台，國王坐在這裡眺望海濱，陸上部隊和艦隊全部一覽無遺。國王在閱兵的時候突然決定讓艦隊划船競賽，結果由腓尼基的賽頓人獲勝，國王心滿意足地眺望競賽和威風凜凜的軍威。

薛西斯看到赫勒斯滂的海面上被艦船覆蓋，海岸與阿拜多斯的土地上到處都是自己的軍隊，感恩自己受到上天的祝福，不禁潸然淚下。

旁邊的人問國王為什麼流淚，國王如此回答：「這裡有這麼多的人，但一想到沒有一個人可以長命百歲，感覺人是多麼渺小，讓我不禁悲從中來。」

薛西斯進入歐洲之後，看著遠征軍不眠不休地花了七天七夜渡海。薛西斯越過阿拜多斯後，一個住在阿拜多斯的人這麼說道：「宙斯啊，如果祢想要滅掉希臘，為什麼要借波斯人之手、以薛西斯之名，且帶上了世界上其他所有人？不用這麼大費周章，祢還是可以達到祢的目的。」

波斯大軍進到希臘境內，在溫泉關戰役中擊敗了由斯巴達國王李奧尼達率領的希臘聯軍，佔領雅典。正當希臘人被逼入絕境之時，希臘人在薩拉米灣海戰中擊敗了波斯艦隊，逼迫薛西斯緊急退兵。希羅多德的《歷史》就在希臘人對抗波斯帝國贏得勝利的章節中劃下句點。

從《歷史》一書的大綱中也可以清楚看出，希羅多德的「研究」對象並非希臘人的世界，而是橫跨亞洲與非洲的波斯帝國。他想要描述的是，面對幾乎支配全世界的強大波斯帝國，甚至尚未完成國家統一的弱小希臘人如何在絕望中找到一線曙光，最後奇蹟似地獲得勝利。

由於希羅多德的著書是地中海文明所孕育出的最初的歷史，於是很不幸地確立了「亞洲與歐洲的對立是歷史的主題。而對於亞洲，歐洲的勝利是歷史的宿命」這樣的歷史觀。這種看法一直到今日，都持續影響地中海世界和西歐人對於亞洲的態度。

❖《舊約聖經》的歷史觀

除了希羅多德之外，還有一部對地中海世界人們的歷史觀留下深刻影響的著書，那就是《舊約聖經》。大家都知道《舊約聖經》是猶太教的文獻。西元一世紀，基督教脫離猶太教，而基督教在西元三九一年被羅馬帝國的法律定為國教，《舊約聖經》就這樣成為了地中海文明中極度重要的文獻。

猶太教的《舊約聖經》可分為《律法書》（*Torah*）和《先知書》（*Navim*）兩個部分。《律法書》又被稱為《摩西五經》，包括《創世紀》、《出埃及記》、《利未記》、《民數記》以及《申命記》。《先知書》指的是《約書亞記》之後的篇章。無論是《律法書》還是《先知書》，都是將古早時代的事情依照時間順序書寫。《舊約聖經》看似是一本史書，但事實上並不是具有像希羅多德的《歷史》般性質的歷史。這與《舊約聖經》的內容有關。

《舊約聖經》主要部分發生的時代是在西元前七世紀末，地點則是在巴勒斯坦的猶大王國。在此之前的西元前十三世紀初，希伯來人的遊牧民族從北阿拉伯的沙漠向東，逐漸進入了巴勒斯坦的農耕地帶。這個時代，巴勒斯坦的海岸地帶被從海上入侵的非利士人佔據，希伯來人一開始也是受到非利士人的統治。到了西元前十一世紀末，巴勒斯坦南部的便雅憫族出現了一位名為掃羅的領袖，統一了希伯來人的十二個部族，建立以色列王國，成為首位君主。當時，被選為監視十二個部族同盟契約的神是雅威（耶和華）。然而，此時耶和華還不是以色列人唯一的神，以色列人也並不是一神信仰的教徒。他們信奉的是巴勒斯坦先住民族的眾神，包括巴力神、赫拉女神、阿斯塔蒂女神等。

掃羅最後被非利士人擊敗，戰死沙場。出身南部猶大部族的大衛繼承王位，成了以色列王國的第二任國王。他擊敗非利士人，將首都定在位於南部二部族與北部十部族中間的耶路撒冷。大衛王的兒子所羅門王在耶路撒冷建造了耶和華的大聖殿，當作統一的保證。

大衛王和所羅門王在位期間雖然確保了南部與北部的統一，但在西元前九三一年所羅門王過世後，王國隨即南北分裂。南部的猶大王國效忠大衛家，由所羅門王的兒子羅波安登上王位，而北部的以色列王國則有了新的王朝，兩個王國並存了將近二百年。到了西元前七二〇年，以色列王國被亞述帝國滅亡，北部十部族的人們被迫移居帝國各地，最後終於被同化消滅。巴勒斯坦只剩下以色列的猶大王國。

西元前六二七年，亞述帝國的亞述巴尼拔王死後，亞述帝國很快就滅亡了。猶大帝國的約西亞王趁機奪回了被亞述帝國佔據近百年的北部領土。這個勝利同時也屬於統一之神耶和華的勝利。

約西亞王在西元前六二一年著手修復位於耶路撒冷的耶和華聖殿，從聖殿裡發現了《申命記》的副本。內容記載，以色列的人民與耶和華簽訂契約，發誓不信奉耶和華以外的神明。然而，以色列人卻違背這項契約，耶和華一怒之下決定懲罰以色列人，消滅以色列的王國。這原本是部族聯盟的契約，但在新的解釋之下，這份契約成了一神信仰的契約。耶和華消滅的雖然是百年前就已經滅亡的北部王國，但剛收復以色列王國故土的約西亞王仍然十分認真看待《申命記》中所寫的內容。於是，約西亞王破壞了全國諸神的祭壇與神像，流放祭司，一神信仰的王國就此誕生。

除了《申命記》之外，《舊約聖經》中其他的《律法書》也在這時漸漸編纂完成。

《創世記》描述以色列人的始祖亞伯拉罕與耶和華相遇的故事；《出埃及記》描述的是摩西從耶和華手中獲得聖約石板的故事；《利未記》、《民數記》描述的是耶和華將律法交給摩西的故事，兩者是在一神信仰改革時期所編纂的篇章。這些文獻以古時候多神教時代開始傳承下來的故事為基礎，把這些故事全部改寫成耶和華與以色列人交換聖約的背景故事。

《舊約聖經》中的《先知書》也同樣如此。《約書亞記》描述的是耶和華遵守聖約將巴勒斯坦的土地賜給了以色列的十二個部族。然而實際上，如前所述，是掃羅王統一了十二部族，建立同盟，而耶和華是以色列同盟的神。十二個部族並非一開始就結為同盟一起進入巴勒斯坦。這也是經過改寫而成的故事。

《士師記》描述的是以色列人違背契約，信奉先住民的眾神，激怒了耶和華，從此陷入悲劇的命運。之後出現了效忠耶和華的領袖，拯救了以色列人。這主要是在描述西元前十二世紀中葉至西元前十一世紀末葉巴勒斯坦的狀況。有趣的是，這個時候十二部族的同盟尚未成立。

《撒母耳記》描述的是掃羅王和大衛王時代，耶和華的祭司撒母耳身為先知的事蹟。《列王紀》描述的是所羅門王在耶路撒冷建造耶和華聖殿的原委以及所羅門王後世諸位猶大國王與耶和華的關係。

就像這樣，《舊約聖經》的《律法書》與《先知書》描述的是古時代的故事，乍看之下的確像是一本歷史書。然而，書中從頭到尾一貫的主題都是耶和華與以色列人的契約關係，只有與耶和華簽訂契約的人才是以色列人。因此以色列人這個民族等於是耶和華所創造的，並不是因為擁有相同的體驗（政治）才讓他們成為以色列人。這是神學，不是歷史。就算讓步稱其為歷史的一種，但耶和華是以色列人的神，《舊約聖經》僅限於耶和華與以色列人之間的關係，最多只能稱為國史，而且是十分偏頗且充滿假想的國史。

《舊約聖經》比起希羅多德的《歷史》早了一百四十年左右。相較於希羅多德的《歷史》描述的是橫跨亞洲與非洲的波斯帝國與代表歐洲的希臘之間的對立，屬於真正的世界史，《舊約聖經》的視野則較狹隘。想當然的，這樣的《舊約聖經》會對從希羅多德開始的地中海文明歷史文化造成影響，當然是透過基督教的力量。

❖《啟示錄》的歷史觀

約西亞王的一神信仰改革後僅三十五年，猶大王國就遭到滅亡。西元前五八六年，新巴比倫帝國的尼布甲尼撒王攻陷耶路撒冷，破壞耶和華聖殿，將猶大王國的人民帶到了巴比倫。相較於一百三十六年前被亞述帝國遷移的以色列王國人民與當地人同化，民族也逐漸消滅，被移居到巴比倫的猶大王國人民在之後的半世紀間，在囚虜生活中依舊保有民族的獨特性。

四十八年後的西元前五三八年，打倒新巴比倫帝國的波斯國王居魯士解放了猶大王國的人民，允許他們回到巴勒斯坦。他們回到巴勒斯坦後重建了耶和華的聖殿。他們雖然喪失自由被遷移到異地，但卻能夠保有民族的獨特性，這完全是拜約西亞王的一神信仰改革所賜。他們擁有「唯有信仰耶和華者才是猶大王國的人民（猶太人）」這個明確的身分，而這個身分與政治無關，完全屬於宗教性質。猶太人身分的確立正是從「巴比倫之囚」的時代開始。

巴勒斯坦的猶太人在波斯帝國的統治之下，等到馬其頓王國的亞歷山大大帝打倒波斯帝國之後，猶太人轉而被馬其頓人統治。西元前一六七年猶太人叛亂，到了西元前一四〇年，猶太王國終於獨立，建立了哈斯蒙尼王朝。這時距離猶大王國被滅已經過了四百四十六年。這個猶太王國一直到了西元前六三年成為羅馬帝國的附庸國。

西元四四年，亞格利帕王死後，猶太王國最終遭到廢除，成為了羅馬帝國的一省。然而，羅馬國教的皇帝崇拜與猶太人激進的一神信仰相互對立。猶太人多次叛亂，終於在西元七〇年，羅馬大軍佔領耶路撒冷，破壞了耶和華的聖殿。

西元前五八六年猶大王國被滅，從那時開始的「巴比倫之囚」時代算起，猶太人多舛的命運已經持續了長達六百年。到了羅馬時代，巴勒斯坦猶太人不滿的情緒到達極點，渴望有一位受耶和華之命的救世主（彌賽亞）可以拯救他們。這時，猶太人的耶穌與以他為中心的教團出現在世人眼前，耶穌被他的信徒認為是期待已久的彌賽亞。耶穌自己於西元三〇年左右被羅馬人處刑，耶穌的猶太人弟子彼得開始向那些沒有嚴守律法、嚴格來說不能算是猶太人的人們宣揚耶穌是彌賽亞，這就是基督教的起源。在此階段，基督教是猶太教的支派，且是具爭議性的異派。

當時的羅馬帝國最普遍使用的語言是希臘語。埃及的亞歷山大城在西元三世紀初將《舊約聖經》翻譯成希臘文，讓《舊約聖經》可以普及於看不懂希伯來文的猶太人之間。因此，當基督教在非猶太人之間廣為流傳時，地中海世界會說希臘語的人能夠很容易地理解《舊約聖經》的內容。

然而，耶和華是以色列人的神，《舊約聖經》的內容也過於狹隘，無論怎麼解釋都無法順利說明橫跨地中海世界的羅馬帝國中各式人種的政治經驗。集結耶穌的傳記與弟子們的信件而成的基督教《新約聖經》，其內容主要集中在講述耶穌是猶太人期待已久的彌賽亞，與現實的歷史沒有關聯，這一點比不上《舊約聖經》。唯一的例外是《新約聖經》的《啟示錄》。這份基督教文獻影響了地中海世界的歷史觀。

《啟示錄》是在西元一世紀末，也就是羅馬皇帝圖密善在位時所寫的預言文獻。圖密善的父親維斯帕先正是討伐猶太人的叛亂，於西元七〇年攻陷耶路撒冷、破壞耶和華聖殿的皇帝。也就是說，《啟示錄》是猶太人對於羅馬的憎惡程度達到最高峰時所寫的文獻。《啟示錄》的內容與《舊約聖經》

非常不一樣，取代唯一的神耶和華，出現了代表善的「真神」與代表惡的「撒旦」兩個偉大的神，而世界是這兩個神的戰場。這個二元論的思想完全來自於波斯的沃教，從此可以看出猶太人受波斯文明影響之深遠。

比起這個二元論，《啟示錄》的終末論與「千年王國」的思想，更深刻影響了地中海世界的歷史觀。《啟示錄》中預言，死過一次的彌賽亞耶穌即將以原本的王者之姿再度臨世，統治世界千年，之後便是世界末日的到來。

在世界終了之日神大怒。神的使者在以色列十二個部族各一萬二千人，總計十四萬四千「神僕人」的額頭上留下「永生神的印記」。七個災難依序發生，毀滅世界。神的使者與撒旦的使者展開大戰，撒旦終將被擊敗。耶穌．彌賽亞騎著白馬率領天兵出現在世上。一位天使從天而降，「他捉住那龍，就是古蛇，又叫魔鬼，也叫撒旦，把牠綑綁一千年，扔在無底坑裡，將無底坑關閉，用印封上，使牠不得再迷惑列國」。「那些因為給耶穌作見證，並為神之道被斬首的靈魂，和那沒有拜過獸（羅馬皇帝）與獸像，也沒有在額上和手上受過牠印記之人的靈魂，他們都復活了（頭一次的復活），與基督一同作王一千年」。一千年完了必須暫時釋放惡魔，但魔鬼又會被扔在硫磺的火湖裡。所有死了的人，無論大小，都站在寶座前接受審判，若有人名字沒記在生命冊上（不承認耶穌為彌賽亞的猶太人），他就被扔在火湖裡，死亡和陰間也被扔在火湖裡，這火湖就是第二次的死。先前的天地已經過去，在新的天地裡，聖城新耶路撒冷由神那裡從天而降，神的榮耀光照代替了日月光照，神僕人要作王，直到永永遠遠。

簡單而言，《啟示錄》想說的是，這個世界是善神與惡神對抗之地，最終善神將獲勝，時間將停止，世界將毀滅。在此之前，在彌賽亞的王權之下，信徒們（猶太人的基督教徒）將可享受一段幸福的時間，以作為苦難的補償。在此，「千年的王國」與「新耶路撒冷」看似是兩個理想世界的重複，但時間如果一旦停止，忠誠信徒獲得補償的快樂與不信者獲得懲罰的苦難都將不存在，為了消除這樣的矛盾，所以才特別在世界末日之前，設置了千年的時間。

《啟示錄》在西元一世紀末完成，當時基督教還只是猶太教的其中一個支派，所以文獻中會出現詛咒破壞耶路撒冷耶和華聖殿的羅馬，以及對向羅馬屈服的猶太人問罪的激烈語句，也不是一件不可思議的事。就像這樣，《啟示錄》是針對猶太人命運的預言，絲毫不關心世界上其他人類。

西元一三二年，猶太人再度叛亂。羅馬帝國花了三年的時間平亂後，禁止猶太人再度進入耶路撒冷。大部分的猶太人離開了巴勒斯坦，移居羅馬帝國各處。在此同時，原本屬於猶太人宗教的基督教在猶太人以外的羅馬人之間宣揚開來，羅馬帝國也開始了對基督教徒的迫害。在殉教者的事蹟當中，確認是事實而非傳說的事蹟皆發生在西元二世紀後半葉之後。

順道一提，傳說西元六四年羅馬市大火之後，皇帝尼祿以放火的是基督教徒為由對基督教進行了最初的迫害，但這完全是子虛烏有，因為沒有任何尼祿迫害基督教徒的史實。當時在羅馬市內，幾乎還沒有基督教徒。

無論如何，基督教終究成為羅馬帝國一般人所信奉的宗教，到了西元三九一年，狄奧多西皇帝立法將基督教定為國教，禁止其他宗教。如此一來，原本是為了猶太人所寫的《啟示錄》也成了預言全人類命運的文獻。在這樣的背景之下，受到基督教教化的地中海世界，歷史原本是從耶和華與以色列人（猶太人）簽訂的契約開始，現在則成了「彌賽亞出現後契約便終止，不久後彌賽亞再度出現，時間停止，歷史終結」，這樣的歷史觀變成了主流。

然而，基督教的歷史觀原本是只針對猶太人的歷史觀，視野十分狹隘。希羅多德的歷史觀在此之前是地中海世界的主流，他主張歷史是歐洲與亞洲的對立，這與羅馬帝國的現實情況十分吻合，規模也十分龐大。但基督教的歷史觀卻與希羅多德的歷史觀完全矛盾。為此，後世的西歐人身為受到基督教教化的羅馬帝國後裔，被夾在這兩個相互矛盾的歷史觀之間，左右搖擺。

❖ 東西的對立

不幸的是，希羅多德主張對立的歷史觀與基督教的歷史觀有一個重要的共通點。那就是《啟示錄》中所主張的，世界是善與惡的戰場，也就是善惡二元論。當善惡二元論與希羅多德主張的歐洲與亞洲對立重疊時，也就是說，歐洲是「善」，屬於「神」的陣營，相反的，亞洲是「惡」，屬於「撒旦」的陣營。世界是歐洲的善與亞洲的惡相互對立的戰場。歐洲被賦予神聖的天命，獲得神的幫助，與被視為惡魔的亞洲對抗，打倒並征服亞洲。當歐洲打倒亞洲並獲得最後勝利時，對抗解除，歷史也就完結，這成了歐洲人的思想。

西元十一世紀，這個思想在歐洲高漲，十字軍進攻伊斯蘭正是這個思想之下的產物。不僅如此，到了西元十五世紀開始的大航海時代，進入亞洲、非洲與美洲的歐洲人，他們的歷史觀還是基督教的歷史觀，完全沒有改變。就算到了現代，「對立的歷史」這個地中海型的世界觀依舊是造成歐洲與亞洲對立、摩擦與衝突的最大原因。第二次世界大戰之後的歷史，屬於「神」陣營的美國、西歐與屬於「撒旦」陣營的蘇聯、中華人民共和國、北朝鮮、北越南的對立關係持續了長達半世紀。以一九九〇年為界，當美國與歐洲確定了他們的勝利之後，又開始在亞洲尋找別的惡魔。此時發生的便是一九九〇年對伊拉克首都巴格達的侵略。美國與西歐難得聯手一同參與波斯灣戰爭，正是因為這是一場「神的使者與撒旦的使者」之間的戰役。

波斯灣戰爭的結果由歐洲（美國與歐洲）獲勝。歐洲在打倒亞洲（伊拉克）之後，對於在戰爭中提供極大幫助的日本卻露骨地提高了警戒，這也純粹是因為日本是亞洲的國家。「無論表面如何，只要是亞洲的國家就是美國與歐洲潛在的敵人」，這是在地中海世界基督教歷史觀之下所得出的結論。除非日本不是亞洲的國家，或是日本可以創造出比基督教的歷史觀更強大的歷史觀，否則無論日本在國際社會中如何努力，還是無法逃脫被美國與歐洲敵視的命運。

那麼，日本有可能創造出比地中海文明的基督教歷史觀更具說服力的歷史觀嗎？在回答這個問題之前，首先來看一下另一個有歷史的文明，也就是中國文明的歷史文化。

第三章

皇帝的歷史——中國文明的歷史文化

❖ 司馬遷的《史記》

日語的「歷史」一詞雖然用漢字書寫，但這並不是起源於中國的詞彙。現代中文的「歷史」一詞其實是借用日語而來。日語的「歷史」是在明治時期所創造的新詞彙，用來當作英語「history」的翻譯語。在西元一八九四年至一八九五年的日清戰爭（甲午戰爭）之後，於日本學習的清朝留學生將「歷史」一詞帶回了中國。

漢字的「史」是在「中」字下面加一個「又」字。象形文字「中」，代表在有蓋或有柄的容器內放進一片用來書寫文字的木簡（細長的木板）。「又」則是代表右手的象形文字，「又」加「口」就成了「右」。「又」與「右」的發音也相同。也就是說，「史」代表用右手捧著文書的人，是負責記錄的事務官。「史」、「事」、「使」的意思與發音皆相似。「史」原本的意思是官員記事的簿子，與現在的「歷史」意思不同。「史官」負責將每天發生的事寫進簿子裡，以史官的紀錄為基礎，發展出了中國文明的歷史文化。

中國文明的「歷史之父」是《史記》的作者司馬遷。《史記》是在西元前一〇〇年左右完成，晚地中海世界的希羅多德約三世紀半。《史記》現在已經是歷史書的代表著作，原本的書名為《太史公書》，共一百三十篇。書中的記述從最初的「天子」黃帝開始，直到司馬遷侍奉的漢武帝為止。

根據司馬遷《史記》最終篇的〈太史公自序〉所言，司馬家原本是周朝的史官，司馬遷的父親司馬談是漢朝的太史公（史官長），主掌「天官」（占星術）。西元前一一〇年，漢武帝登上泰山祭祀天地，舉行了「封禪」儀式。當時，司馬談未被允許參加儀式，羞憤而死。司馬遷於父親死後兩年，二十八歲時當上了太史公。

四年後的西元前一〇四年，漢武帝改年號為「太初」。該年陰曆十一月（子月）的朔日剛好是六十干支最初的甲子日，且當天夜半時刻又正好是冬至。根據中國曆法，這與宇宙萬物剛形成時的狀態相同（甲子朔日冬至）。於是，在司馬遷的提議之下，修改曆法，制定「太初曆」，取代至今為止都被當作年首的十月（亥月），改正月（寅月）為年首。「太初」與開創天地相同，代表宇宙結束一個循環，開始新的循環。

司馬遷在這個值得紀念的西元前一〇四年開始撰寫《史記》。西元前九九年，司馬遷因為替被匈奴（中央歐亞草原的遊牧帝國）擊敗請降的將軍李陵辯護，遭到漢武帝降罪，被去勢成了宦官。[1]《史記》是在這個時期前後完成，記述的內容至西元前九七年為止。

無論如何，司馬遷之所以會著手撰寫《史記》，必定是因為他認為宇宙在西元前一〇四年回到了最初的狀態，歷史已經完結。司馬遷的這種想法並不僅來自於曆學的理論，更反映出當時皇帝制度發展到達極限的現實。曆學的知識是在這樣的現實中，用來劃分時間。

❖《史記》的構成

下面依序介紹《史記》所記載的內容。

《史記》的構成分為〈本紀〉、〈表〉、〈書〉、〈世家〉、〈列傳〉五個部分。〈本紀〉記載帝王在位期間所發生的政治事件。〈表〉記載政治勢力之興亡與交替的時間關係。〈書〉記載制度、學術、經濟等文明面的概論。〈世家〉記載秦始皇統一中國之前的地方王家與統一中國之後的歷代諸侯事蹟。〈列傳〉

則記載了著名人士的事蹟。其中，〈本紀〉與〈列傳〉是《史記》的基礎，因此後代的中國歷史學稱《史記》的體裁為「紀傳體」。

❖ 五帝

《史記》的第一篇是〈五帝本紀〉，內容記載了黃帝、顓頊、帝嚳、帝堯、帝舜，五個「帝王」的事蹟。

〈五帝本紀〉一開始的黃帝，其事蹟與漢武帝的事蹟十分雷同。首先，司馬遷強調黃帝巧妙地利用戰爭平定「天下」（中國世界），接著巡視天下的東南西北邊境。另外還特別記載黃帝登上東方的泰山，並驅逐了北方的葷粥（匈奴）。這些全部都與漢武帝的事蹟相同。其中提到「有土德之瑞，故號黃帝」，正是說明了黃帝是漢武帝投影的最佳證據。

西元前一〇四年漢武帝修改曆法之時，將年首從以往的十月改成正月，

1〔編註〕漢景帝時代開始有「死罪欲腐者，許之」之法，而太史公司馬遷是遭受了宮刑，但不是宦官，作者應是誤解。

也意味著從「水德」轉換為「土德」。

根據西元前三世紀前半葉哲學家（陰陽家）鄒衍所倡導的宇宙論，時代可用木、金、火、水、土的五「德」（能量）劃分，而這五個時代不斷地輪流交替。秦始皇於西元前二二一年統一天下時採用了這套理論，認為從黃帝開始的五帝屬於「土德」，五帝之後的夏朝屬於「木德」，之後的商朝屬於「金德」，接下來的周朝屬於「火德」，而取代周朝的秦朝則屬於「水德」。由於「水德」與四季當中的冬季對應，因此秦朝以冬季最初的月分，也就是陰曆十月為年首。這是以「秦始皇統一天下之後，宇宙循環進入最終時代」為基礎的想法。

秦始皇取代了至今為止「王」的稱號，改用了「皇帝」（「功過三皇，德兼五帝」）的稱號，這就是皇帝制度的開始。秦始皇認為，從黃帝的「土德」開始，經過「五德」的一個循環，進入「水德」這個宇宙循環的最終時代，代表秦朝的政權將會延續不斷，直到永遠。秦始皇一開始就把自己死後的稱號（謚號）定為「始皇帝」，勒令「後世以計數，二世、三世至於萬世，傳之無窮」。但事實上，秦朝傳到二世皇帝時即遭滅亡。

漢高祖劉邦打倒秦朝登上了皇位，但他似乎不認為時代已經改變，因此所有制度皆比照秦朝辦理。直到西元前一〇四年修正曆法為止，一直將十月當作年首也正是這個原因。

漢高祖之後，有人開始提出不同的想法，認為「水德」的時代並非宇宙循環的終止，現在應該是回到了一開始的「土德」時代。西元前一六五年，漢高祖的兒子文帝原本準備正式採用「土德」的主張，但最後還是作罷。直到二代之後的漢武帝，才終於在西元前一〇四年付諸實行。事實上也是從漢武帝的時候開始，黃帝這個神話中的天子突然間受到大家的推崇。因此，也不難想像身為漢武帝臣子的司馬遷為什麼會在《史記》的〈五帝本紀〉中，將漢武帝的事蹟投影在黃帝的身上，並將「土德」時代理想化。

〈五帝本紀〉中的第二帝顓頊是黃帝的孫子，第三的帝嚳是黃帝的曾孫，第四的帝堯則是帝嚳的兒子。

帝堯是一個如陽光般耀眼的人，他正確計算出日出和日落的時間，將一年定為三百六十六天。帝堯在位期間國內發生了大洪水，洪水以衝上天的氣勢淹沒了高山與丘陵，地上的人們面臨了滅絕的危機。帝堯命鯀（意指「蛋」）

治水，花了九年的時間卻沒能成功。帝堯為了表示負責決定退位，命舜攝政。舜是顓頊的第六代子孫，他觀察星象，擺正日月五星的位置，進而祭祀天上諸神，並以刑法治天下，建立社會秩序。

帝堯死後，舜將共主之位讓給堯的兒子，但在各諸侯的支持之下，順應天意，登上了天子之位。五帝之五便是帝舜。

說到這裡，到底什麼是「帝」？

在「帝」字下面加一個「口」便是「敵」、「嫡」、「適」等字的偏旁。「帝」的發音原本也與這些字相同。從此可以判斷，「帝」原本的意思是指「配偶」。在西元前二二一年秦始皇統一天下（中國世界）之前，每個城市國家都有各自的地母神作為守護神。地母神是天神的妻子，產下了城市國家皇家的始祖。地母神的「配偶」天神，也就是「帝」。

從〈五帝本紀〉中記載的故事中可以看出，五帝原本都是神，治理的也都並非是現實的人類世界，而是屬於神話世界。五帝雖然屬於虛構，但問題在於為什麼司馬遷要在《史記》這個人類歷史的開頭，寫上五帝的故事呢？〈五帝本紀〉的特徵在於，從人類（中國人）歷史的開端起，便將「天下」

〈中國世界〉視為一個完整的政治單位。然而，《史記》〈五帝本紀〉之後的〈夏本紀〉、〈殷本紀〉、〈周本紀〉，也就是所謂的「三代」王朝，卻看不見如五帝時代中國世界的統一。

❖ 東夷的夏

〈夏本紀〉的內容如下。

顓頊的兒子是鯀（意指「蛋」），鯀的兒子是禹（意指「蛇」），而禹是夏朝的第一位天子。

在此之前的帝堯時代，鯀因為整治淹沒人類世界的大洪水失敗而被處刑。攝政的舜起用禹取代鯀治水。禹花了十三年的時間，不眠不休地努力，平定高山大川、開九州（黃河的平原）、通九道（交通道路），又在久澤（沼澤）築堤防，並決定了九山（山脈）的位置。

帝舜指名禹為自己的後繼。帝舜死後，禹打算將帝位讓給舜的兒子，但在天下各諸侯的要求之下，繼承天子之位，改國號為夏后（「后」與「侯」

同音，是城市國家的君主）。禹在巡視東方領土時死於會稽（今浙江省紹興市）。禹死後，他的子孫繼承王位，開啟了君主世襲之制，直到第十七代的桀，才被殷湯王所滅。

〈夏本紀〉中大洪水的故事，從敘述的方式可以明顯看出這是夏朝的建國神話，禹也不是人類世界的君王，而是創造人類世界的神。他的名字代表「蛇」，這也不是偶然。關於夏朝的帝王們，有許多與龍相關的傳說，龍是東南亞人信奉的水神，「龍」字的發音在古時候與「江」相同，代表「水路」。長江（揚子江）以南所有的河川皆稱為「江」，這是受到泰語的影響。

另外，在古代的紀錄中，夏人所有的城市都沿著北緯三十五度線，位於黃河流域與淮河、長江分水嶺的秦嶺山脈南方的位置。順河南下便可出淮河或經漢江出長江，到達浙江的海岸。

根據《史記》的〈越王勾踐世家〉篇記載，越王族的祖先是禹，第六代夏后少康的庶子在會稽建國，這便是越國的起源。禹死於會稽，在那裡有禹的墓。與司馬遷同時代的越人住在浙江、福建、廣東海岸。他們在身上刺龍，巧妙地操控船隻，從事捕漁和水稻栽培。就算到了今日，住在這一帶的中國人，在他們所使用的語言中還是可以明顯看出泰語的痕跡。

雖然到目前為止尚未發現任何夏朝的遺跡或遺物，但幾乎可以確定是夏人將東南亞文化帶進了北方，為後世的中國文明打下最古老的基礎。他們從南方利用水路乘船北上，在船隻可及的地方建立了各個城市。無論是大洪水的傳說，還是從「蛋」而生的「蛇」創建國家的傳說，都可看出夏朝這個最初的城市國家，水與龍的關係密切，更說明了夏朝是由東南亞系統的人們（東夷）所創建。

❖ 北狄的殷

《史記》的〈夏本紀〉之後是〈殷本紀〉。殷朝始祖的母親為簡狄（「狄」是北方的狩獵民族），是有戎氏（「戎」是西方的遊牧民族）之女，帝嚳的妃子。有一天，簡狄在野外與兩個女子沐浴的時候，天上掉下了一顆燕子蛋。簡狄吃了燕子蛋之後，懷孕生下了名為「契」的男嬰。契在商地建國，成為了殷朝的始祖。

契的第十三代子孫是湯。由於夏王桀暴虐無道，於是湯率領諸侯討伐，在有戎之丘大破夏軍。湯也因此受到諸侯們的推崇，登上王位，建立殷朝取代夏朝。另外，夏朝曆法定春天最初的月分（寅月）為正月，而湯改冬天最後的月分（丑月）為正月。服裝的顏色為白色（五德中「金德」的代表色）。

湯王的子孫世襲王位，但到了第三十代的紂王，由於他的殘暴不仁，被周武王率領諸侯討伐，在牧野之戰中戰敗。紂王自殺而死，武王取而代之，登上了天子之位。

從上述的〈殷本紀〉中可以看出，殷人無疑是出身於北方的狩獵民族（北狄）。女神在野外沐浴，因為吞了從天而降的鳥蛋而懷孕，生了一名男嬰，這是北亞狩獵民族與遊牧民族共通的始祖傳說。女神的名字簡狄也代表狩獵民族的意思。殷的確是實際存在的城市國家，但應該是從蒙古高原經山西高原南下，征服了河南的夏國。

❖ 西戎的周

〈殷本紀〉之後是〈周本紀〉。周朝始祖的母親為姜嫄（「姜」與「羌」相同，是西方的遊牧民族），是有邰氏（陝西省武功縣，西安市之西）之女，帝嚳的妃子。有一天，姜嫄外出時發現巨人的足跡，她開心地踩著巨人的腳印，突然間身體震動了一下，沒多久就懷孕，足月產下一名男嬰。然而，姜嫄卻覺得這名男嬰是不祥之兆，於是把他丟棄在一個窄巷裡，沒想到所有經過的牛馬都避開了這個嬰兒。姜嫄於是把嬰兒丟在樹林裡，但樹林裡卻突然間來了很多人。姜嫄又把嬰兒丟在一條結冰的河面上，沒想到卻飛來了一群鳥，用翅膀替嬰兒取暖。姜嫄大呼不可思議，於是把嬰兒撿回來扶養。由於姜嫄一開始打算把嬰兒丟棄，於是取名為「棄」。棄就是周朝的始祖。

棄的兒子住在戎狄之間。子孫當中可以看見皇僕（「僕」是駕車的御者）、高圉、亞圉（「圉」與「御」相同，同樣指駕車的御者）等名字。亞圉的孫子名為古公亶父，被戎狄侵擾而遷居歧山之下（陝西省西部），從此一改戎狄式的生活型態（遊牧），建立了城市。古公亶父的孫子便是西伯昌（周文王）。

西伯昌在陝西建立了一股強大的勢力，拓展至與河南為境之地，自稱獲得天命。在接受天命後的第七年，西伯昌死去，他的兒子發——周武王——繼承了他的遺志。

接受天命後的第十一年，周武王率領大軍入侵河南，從洛陽市北部的孟津渡黃河北上，在殷朝首都商的郊外牧野與殷軍交戰，大敗殷軍，紂王自殺而死。周武王宣布接受天命，取代殷朝。武王是周朝的第一位君主，王位由他的子孫繼承。

周朝第五代的穆王發兵遠征犬戎（西方的遊牧民族）。由於第十代的厲王暴虐無道，引起了周國人（首都的市民）的叛亂，逼走了厲王。在厲王出走的情況下，由負責輔政的周公與召公代為執政，號「共和」（史稱「共伯和」）。《史記》的〈十二諸侯年表〉將這件事表記為西元前八四一年，是最初有確切紀年的開始。

厲王死後，他的兒子宣王即位。宣王與姜氏的戎（西方的遊牧民族「羌」）交戰大敗。宣王的兒子幽王，由於王位繼承者的內部紛爭不斷，遭到犬戎入侵殺害。幽王的兒子平王將至今在陝西的根據地向東移，定都洛邑

（河南省洛陽市）。這是西元前七七〇年的事，之後便進入了春秋時代。周王朝勢力衰微，大諸侯開始合併小諸侯，最終進入戰國時代，周朝東西分裂。西元前二五六年，西周國被秦殲滅，到了西元二四九年，東周國也被秦所滅。以上就是《史記》〈周本紀〉的內容。

從中可以清楚看出，西方遊牧民族出身的周，取代了北方狩獵民族出身的殷。不僅如此，從《史記》〈秦本紀〉中可以得知，消滅周的秦也是出身於西方的遊牧民族。

❖ 西戎的秦

根據〈秦本紀〉記載，五帝之二的顓頊，他的子孫中有一名為女脩的女子。有一天，當女脩在織布的時候，突然飛來了一隻燕子產下一顆蛋。女脩吞下這顆蛋後懷孕，生下了大業。大業的子孫住在西戎，後來為周朝第八代的孝王養馬，才移居到秦（甘肅省清水縣）。之後的歷代子孫不斷與西戎征戰。周平王放棄陝西移居河南之後，秦獲得了歧山以西的陝西、甘肅領地，正式成為諸侯。春秋時代的秦繆公（西元前六五九年至西元前六二一年在位）將領土推進到黃河的河曲部。往西則擊敗了戎王，獲得了十二座城市與千里的土地，成為了西戎的霸主（「霸」與「伯」相同，意指年長者、首領）。進入戰國時代之後，秦惠文王於西元前三二五年首度稱王。惠文王四代後的子孫便是秦始皇，於西元前二二一年，征服其他城市國家，首度統一「天下」（中國世界），成為了第一位皇帝。

從《史記》〈秦本紀〉之後的〈秦始皇本紀〉，一直到敘述漢武帝時代的〈今上本紀〉、〈孝武本紀〉為止，是於西元前二二一年初成立的中國世界的歷史。真正的中國世界的歷史可說是從這個時候開始。換句話說，《史記》從〈五帝本紀〉到〈秦本紀〉的開頭五篇是中國以前的歷史。司馬遷特別強調從最初的君主黃帝開始到夏朝的禹、殷商的湯，他們都登上了「天子」之位。「天子」與「皇帝」有著相同的意義。統治「天下」的皇帝之位，雖然實際上是從秦始皇開始，但司馬遷在史記中想要強調的是，皇帝在歷史的最初便以其他名稱存在，也因此，以皇帝為中心的「天下」（中國世界）也是從歷史之初便存在了。

然而，與司馬遷的主張相違背，以客觀的角度閱讀《史記》的敘述，會發現五帝無論怎麼想都是神，而最早的夏王朝是擁有東南亞文化特徵的「東夷」，征服夏的殷商是東北亞狩獵民族的「北狄」，征服殷商的周則是北亞遊牧民族的「西戎」，征服周的秦也同樣是「西戎」。也就是說，在西元前二二一年秦始皇統一「天下」之前，尚未形成可以被稱為「中國」的世界，更沒有可以被稱為「中國人」的民族。

實際上，夏、殷、周也稱不上是王朝，而只不過是在多數城市國家當中屬於軍事武力稍強的國家罷了。

其中，周朝建立了「封建」制度。乍看之下，好像是統一天下，天子將國土分封給諸侯。然而，「封建」原本的意思是武裝移民從母城市出走，在新的土地上建立子城市。「封建」下的子城市從母城市中獨立，經營獨自的政治生活，不受母城市的支配。從被周朝分封在山東的魯國紀錄《春秋》中可以看出，《春秋》將西元前七七二年至西元前四八一年的紀元，以從魯隱公到魯哀公為止的歷代魯侯在位年數表示，而非以周王的在位為基準，這就是最好的證據。由此可見，中國世界（天下）尚未成立，國家也尚未統一。

中國古代的城市國家

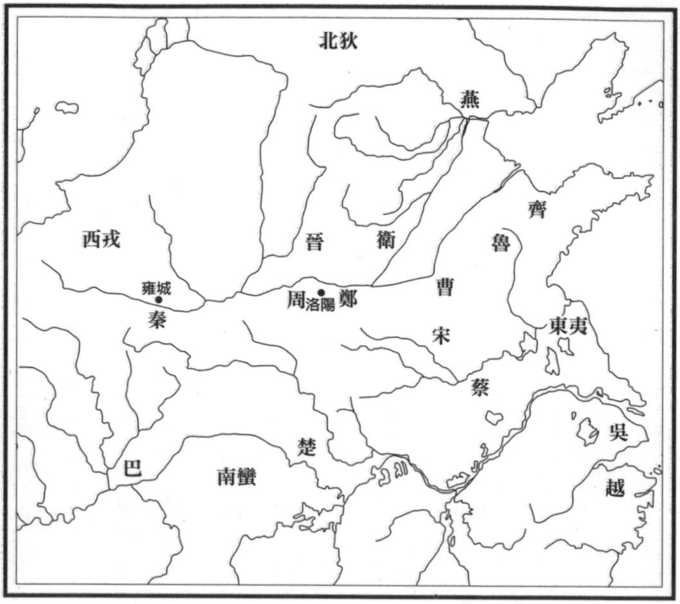

❖ 正統的理論

即便如此，《史記》以「正統」理論為基礎，還是將夏、殷商、周與實際統治中國的秦始皇以及漢朝歷代皇帝並列，一起寫進了〈本紀〉之中。無論是什麼樣的政治勢力，只靠實力是無法統治國家的。為了得到被統治者的同意，必須要有法的依據。在中國世界裡，這個依據正是「正統」的觀念。天下間存在著唯一的「正統」（中國世界的統治權），而這個正統由五帝傳給夏，夏傳給殷商，殷商傳給周，周傳給秦，秦再傳給漢。「正統」的傳承便是「傳統」。

「傳統」的手段原則上是「世襲」。五帝是黃帝和他的子孫，而帝堯傳給帝舜，帝舜傳給禹採用的是「禪讓」，因此也沒有問題。問題是以武力扳倒夏的殷商湯王，以及打倒殷商的周武王，要如何承認他們的「正統」呢？當王朝的「德」（能量）衰微，「天」將革除王朝的「命」（「革命」），而新的王朝接受「天命」（「受命」），「正統」轉移，可以用這樣的方式說明。

而且，以宗譜而言，夏商周三代王朝皆為黃帝的子孫。夏禹是顓頊的孫子，而顓頊是黃帝的孫子。殷商始祖契的母親是帝嚳的妃子，而帝嚳是黃帝的曾孫。周的始祖棄的母親也是帝嚳的妃子。不僅夏商周三代，秦的王族也被認為是顓頊的子孫，因此秦始皇依舊保有黃帝所傳下的「正統」，是接受「天命」的天子。

舊城市國家的王族問題也許不大，但建立漢朝的高祖劉邦完全是一介庶民，因此正統的根據完全必須仰仗接受「天命」（「受命」）、革除「王命」（「革命」）的理論。然而，天命十分抽象，因此，自然的怪異現象（「符瑞」）就成了天命最重要的證據。正因如此，在漢武帝的時代，祭祀、占卜以及預言的風氣異常盛行。後世的王朝也不輸給漢朝，為了證明從前代王朝繼承「正統」、保有天命，以包括偽裝「禪讓」的形式、誇示得到象徵前朝帝權的遺物等方式，想盡辦法將「革命」、「受命」正當化。

傳說秦始皇的玉璽上刻著「受命於天，既壽永昌」八個字。漢高祖得到玉璽，漢朝世代傳承，稱「漢傳國璽」。漢朝之後，這個玉璽也繼續成為主張「正統」的君主相互爭奪的對象，直到現在也沒有改變。在辛亥革命中接受清朝宣統帝禪讓的中華民國，在失去大陸並移居臺灣之後，仍不願放手北京故宮裡收藏的宋、元、明、清的皇帝祕寶，以用來證明自己才是接受歷代「正統」、中國唯一的政府。另一方面，在臺灣的問題上，大陸的中華人民共和國不退讓一國一政府的原則，要求廢止中華民國的國號與國旗，這也是因為在唯一「正統」的思想之下，如果承認另一個中國的存在，那麼中華人民共和國將喪失「正統」政權，也就失去了建國基礎。就像這樣，哪一個政權從哪一個政權繼承「正統」，是中國人特殊歷史觀的中心思想，這種觀念在中國世界最初的歷史《史記》當中就已經成形。

這種「正統」的歷史觀也表現在時間的計算上。以君主在位年數為基準為年取名的紀年法，將君主即位之年（即位稱元）或即位隔年（踰年稱元）當作元年，這代表了君主是時間的支配者。最初，一代只有一個元年，但到了漢文帝在位的西元前一六四年時，發生了太陽在一日之內二度通過子午線的現象（日再中），於是漢文帝定隔年為第二個元年（改元）。接下來的漢景帝也二次改元，漢武帝更是每六年便改元一次，並趁西元前一一〇年「封禪」的機會，將新的元年定為元封元年。這是年號的開始。此後，不使用皇帝的年號者就等於不承認皇帝具有支配時間的權力，被視為與皇帝敵對的反叛者。後世，日本的遣唐使從來不將國書帶回日本便是因為國書上必須標明日期。如果日期使用唐朝的年號，那就等於承認日本天皇是唐朝皇帝的臣子。但如果使用日本的年號，那又等於是公然與唐朝皇帝作對。

與年號相同，頒布曆法也代表皇帝擁有支配時間的權力。決定哪一個月是正月、哪一日是朔日，這是皇帝才有的特權。接受皇帝頒布的曆法稱為「奉正朔」，是表明成為皇帝臣子的行為。司馬遷於西元前一〇四年修改曆法，建立太初曆，便是重新確認漢武帝為宇宙的中心。

司馬遷的《史記》便是架構在這樣的「正統」觀念之上，結合神話中黃帝的「天下」與現實中漢武帝統治的中國世界，將中國世界統一前的夏、殷商、周列入〈本紀〉之中。

在《史記》中與〈本紀〉並列的〈列傳〉，其內容並不是個人生涯的敘述，非我們一般所認為的傳記。書中人物出身年分的記載草率，很多人甚至沒有卒年的記載。〈列傳〉的主題是該人物與哪一個皇帝有什麼樣的關係與互動，敘述的是在皇帝制度之下，該人物身為官吏的生涯。因此，〈列傳〉其實也是皇帝歷史的一部分。這樣的特徵在《史記》以後的「正史」中愈來愈明顯，〈列傳〉的內容僅是官吏的履歷與呈給皇帝的奏表。

《史記》除了中國人的傳記之外，還包括〈匈奴列傳〉、〈南越列傳〉、〈東越列傳〉、〈朝鮮列傳〉、〈西南夷列傳〉、〈大宛列傳〉等在我們看來像是敘述外國歷史的「列傳」。然而，中國不是一個國家而是世界，因此沒有國境的觀念，當然也就沒有外國的觀念，僅分為皇帝直轄的地區與非直轄的地區。因此，敘述皇帝與皇帝直轄地以外的居民有著什麼樣的關係與互動，便是這些特殊〈列傳〉的宗旨，這些仍舊是皇帝歷史的一部分。

《三國志》〈魏書〉〈東夷列傳〉〈倭人〉條，也就是〈魏志倭人傳〉，也具有相同特徵。內容是《三國志》作者陳壽以對晉朝有利的筆觸，敘述自己侍奉的晉朝皇帝和先祖與倭人之間的關係，其目的並非是為後世人留下關於倭人的客觀歷史紀錄。

總而言之，《史記》決定了中國文明的歷史特徵。皇帝統治的範圍稱「天下」，也就是世界，只有「天下」才是歷史記述的對象。換句話說，中國文明的歷史是皇帝的歷史，也是永遠不變的「正統」歷史。另外，每個時代公認的「正史」全都沿襲《史記》的形式，絲毫沒有改變，記述以皇帝為中心的世界（中國）。

❖ 班固的《漢書》——儒教

話雖如此，但仍出現了一項改變。《史記》記述的時代範圍從五帝開始，經過夏、殷商、周、秦諸王朝，直到與作者司馬遷同時代的漢武帝中期為止。後世的中國歷史學稱這種橫跨多個朝代的歷史書為「通史」，而只敘述一個王朝的歷史書則稱為「斷代史」。

司馬遷死後約一百八十年，班固寫了《漢書》百篇。這本歷史書與《史記》不同，體裁為斷代史，記述從西元前二〇六年漢高祖即位起，至新莽滅亡的西元二三年為止的漢史。也就是說，實質上只有漢朝一代的歷史。《漢書》之後的「正史」全部都屬於「斷代史」。然而，《漢書》中關於漢高祖至漢武帝的部分，基本上都是沿用《史記》的內容。為什麼班固不延續《史記》的內容，採用「通史」的體裁，而使用「斷代史」的體裁，重新記述漢朝的歷史呢？這是由於班固是儒學家，而《漢書》最主要的目的在於記述王莽將儒教定為中國政治指導原則的原委。

儒教的總部在山東曲阜，在那裡主要是培養中層管理者。但在秦始皇時代，甚至進到漢朝之後，儒教對於政治都沒有實際上的影響。《漢書》〈武帝紀〉關於西元前一三六年的記述中，有一篇〈置五經博士〉的文章，一般認為這代表儒教成為了中國的國教。然而這是非常草率的說法。「五經」指的是《詩經》、《書經》、《禮記》、《易經》、《春秋》，屬於儒教的經典。「博士」指的是教授這些經典的官職。不僅是儒教的經典，各個主要學派都設有教授經典的博士官職。因此，〈置五經博士〉這篇文章僅代表在此之前不被承認的儒教，在西元前一三六年首度與其他學派並列，得到公認罷了。所謂的國教是像羅馬的狄奧多西皇帝於西元三九一年以法律明令禁止除了國教以外的宗教。然而，在《史記》中完全找不到有關漢武帝頒布法令，定儒教為中國唯一宗教的紀錄。不僅如此，就算在《漢書》之中也有下列這一段記載，証明儒教的政治地位低微，根本稱不上是國教。

漢元帝（西元前四九年至西元前三三年在位）雖然八歲就當上皇太子，但長大成人後個性依舊軟弱，推崇儒教。他的父親宣帝（西元前七四年至西元前四九年在位）重用法家，實行信賞嚴罰的統治方針。有一天，元帝在宴席上向宣帝進言：「陛下持刑太深，宜用儒生。」宣帝板起臉斥責道：「漢家自有制度，根本為霸王道，只是加以應用。只論德教的周朝政治，有什麼用呢？而且俗儒不懂現實，只會稱古好，批評現今，迷惑大眾，讓人做出錯誤的判斷。這樣的人何足委以政治重任？」並嘆道：「亂我家者，太子也！」[2]

這是記載在《漢書》〈元帝紀〉中的故事，漢宣帝是漢武帝的曾孫。由此可見，就算在設置五經博士的百年之後，儒教的評價還是很低。

宣帝不祥的預感成真，在推崇儒教的漢元帝死後短短四十年，漢朝的帝位就被元帝皇后的外甥王莽篡奪。

學問的終極目的應該在於預測未來，西元前一世紀的儒教，綜合當時各種科學，發展成能夠預知未來的一大學問體系。王莽是儒教熱烈的推崇者，依照儒教的預言篡漢，並遵循儒教理論執政，結果是導致中國世界大亂，王莽自己也招致滅亡。王莽滅亡後，劉秀（東漢光武帝）重建漢朝，他同樣推崇儒教，確立了儒教成為後漢政治指導原則的地位。換句話說，儒教的興盛拜王莽所賜。

《漢書》最後有一篇〈敘傳〉，敘述作者班固自己的出身以及著作的意圖，當中可以明顯看出班固對王莽的好感。

根據〈敘傳〉記載，班固的始祖來自山西北部與蒙古高原交接的地帶，擁有數千頭的馬、牛、羊，是地方的望族。班固的曾祖父班況有三個兒子，最小的兒子名叫班穉，也就是班固的祖父。

漢元帝的皇后（元后）王氏生下後來的漢成帝。西元前三三年，元帝死後，二十歲的成帝登基，封母親元后的哥哥王鳳為大將軍，掌握政治大權，王氏勢力大增。王鳳的弟弟是王曼，而王曼的兒子便是王莽。

班穉的長兄班伯從年輕時就開始學習《詩經》，在大將軍王鳳的舉薦之下，當上了漢成帝的中常侍，這也與班伯的姊姊曾是漢成帝的妃子有關。

王莽與班穉兄弟同輩，交情很好。王莽尊敬班穉的仲兄如自己的兄長，疼愛班穉如自己的弟弟。班穉的仲兄死的時候，王莽還特地著喪服，並贈予高額的奠儀。班穉的兒子班彪便是《漢書》作者班固的父親。

漢成帝沒有留下子嗣。西元前七年，成帝死後由外甥哀帝繼承皇位，但哀帝即位六年便過世，同樣沒有留下子嗣。面對這樣的危機，哀帝的祖母元后挺身而出，將政治全權委託王莽，並與王莽商議，讓哀帝年僅九歲的表弟平帝坐上皇帝的寶座。這是西元前一年的事，五年後王莽篡漢。

就像這樣，《漢書》作者班固的家世屬於漢朝皇家的外戚，與王莽的王

2〔編註〕《漢書．元帝紀》：「八歲，立為太子。壯大，柔仁好儒。見宣帝所用多文法吏，以刑名繩下，大臣楊惲、蓋寬饒等坐刺譏辭語為罪而誅，嘗侍燕從容言：『陛下持刑太深，宜用儒生。』宣帝作色曰：『漢家自有制度，本以霸王道雜之，奈何純任德教，用周政乎！且俗儒不達時宜，好是古非今，使人眩於名實，不知所守，何足委任？』乃歎曰：『亂我家者，太子也！』」

氏並列貴族，班固自己的祖父也是王莽的好友。班固自豪地將自己的家世寫進〈敘傳〉當中，與《漢書》著作的由來做串連。

另外，班固還在《漢書》的〈元后傳〉中記述王莽高貴的出身，內容如下：王莽是黃帝的後裔。黃帝的八代子孫是帝舜。帝舜的子孫在周武王時期當上了陳國的君主。十三代子孫逃亡齊國，當上了齊國大臣，使用「田」姓。之後十一代的田和奪齊國政權，二代後稱王。最後的齊王建，雖然被秦所滅，但在秦始皇死後，項羽冊封建的孫子安為濟北王。漢高祖興起之後，安雖然失去了王位，但齊人仍稱他們一族為「王家」，這就是王氏的由來。

與王氏顯赫的家世相比，《漢書》最初的〈高帝紀〉中所記載的皇帝一族全部都是庶民，也不知他們的祖先為何人。〈高帝紀〉完全出自司馬遷《史記》的〈高祖本紀〉，感受不到班固的用心。班固對漢朝皇室的冷淡與特別記述王莽輝煌的祖譜並提及受王莽喜愛的祖父班穉，兩者形成強烈對比。

班固非常推崇王莽。儒教能夠在班固所生的東漢初成為中國政治的指導原則，便是王莽的功績。身為儒學家的班固實際上就是為了讚揚王莽的功績才寫了《漢書》。然而，僅記述王莽的事蹟不足以被列為歷史。由於王莽是漢朝的外戚，掌握漢朝實權，為了說明事情的原委，無論如何都必須提及漢朝皇帝的歷史。從司馬遷的《史記》開始便確立了歷史的體裁為「紀傳體」。《漢書》當然也可以寫成是《史記》的續篇，但如此一來便是從漢武帝時期的中途開始寫起，不是非常的適當。因此，從漢朝初代的高祖劉邦開始記述，是一個比較完整的區分。基於上述的理由，《漢書》採取的是「斷代史」的體裁。這些完全都是為了記述王莽功績上的方便，並非一開始就打算採取「斷代史」的型態。

❖ 正史架構的定型

《史記》與《漢書》確立了中國型的歷史文化。之後直到西元一七三五年的《明史》為止，歷代王朝皆延續相同形式的「紀傳體」，以及以皇帝為中心的「正史」歷史觀記述歷史，總稱「二十四史」。

然而，體裁與歷史觀雖然已經定型，但中國文明的命運之後也不斷地流動與變動。

首先，推崇儒教的後漢天下持續了不到二百年。西元一八四年正逢六十干支最初的甲子年。那一年，中國全國各地同時發生了祕密結社的叛亂（黃巾之亂），人口從原本大約五千萬人一口氣銳減至大約四百萬人，華北平原地帶的居民幾乎絕跡。

這個導致中國文明崩壞的黃巾之亂，以「蒼天已死，黃天當立，歲在甲子，天下大吉」的預言為口號，這是相信世界末日的典型千年王國運動，也是末世論首度出現在中國世界。參加黃巾之亂的秘密結社信仰的是道教。黃巾之亂讓儒教喪失了權威與信仰內容，成為了沒有實體的宗教。道教取而代之，成為了中國思想的主流。

道教教派之一的五斗米道（又稱正一道、天師道），有一本名為《正一天師告趙昇口訣》的經典，當中記載了教祖張陵下列的預言：人類的罪惡讓上天震怒，決定毀滅世界。西元一四四年將會發生大洪水，洗去人類的罪孽。只會剩下二十五萬人的「種民」，名單將於西元一五三年截止。西元一八四年，大戰爭、大疫病、毒蛇猛獸的三大災難降臨清理世界。西元一九〇年末，「太平」（最高境界的和平）終於到來，死者的靈魂將回歸肉體，白骨再起，血液流通，隔天將張開眼睛。然而，沒有「種民」証明「九光符」者，將再度死亡，在三官（天官、地官、水官）的引領之下獲得解脫。太上老君（救世主）降臨「太平」之世，在其統治之下，人類不再面臨死亡，壽命長達一萬八千歲。

這個末世論的內容與《啟示錄》幾乎完全相同，從中可以看出波斯祆教的影響。同樣的千年王國運動之後也不斷反覆地出現在中國世界。當中，西元十四世紀的紅巾之亂中，顛覆元朝蒙古帝國的白蓮教明顯是出自祆教體系。出身紅巾軍的朱元璋（明太祖洪武帝），後來當上了皇帝，改國號為「大明」，這與白蓮教主張在世界末日出現的救世主「小明王」相呼應。

不過，祕密結社的千年王國思想，並沒有對中國文明的歷史觀造成影響。這是因為歷史的架構早在黃巾之亂很久以前的《史記》與《漢書》中就已經定型。為此，「歷史終了」這個觀念並沒有反應在「正史」的歷史觀上。既然時間和歷史都沒有終了，那麼無論是哪一個時代，時間的價值都沒有改變，一年就是一年，價值完全相同。換句話說，歷史並不會隨著時代發展，也就是沒有發展的階段。從黃帝到孔子的「聖人」（可以預知未來的人）已經創造出了文明，只要皇帝遵守文明的基準（道德），無論是哪一個時代，都可以創造出一個理想的世界，這就是中國文明不變的歷史觀。

中國文明中的歷史以「正統」的皇帝為中心記述世界，這一點長久以來都沒有改變。但中國的現實世界卻與中國人不變的「正史」觀不同，不斷地在改變。因此，「正史」的架構隨著時代的進步，變得愈來愈不合時宜。然而，因為找不出可以取代《史記》、《漢書》所確立的架構，因此後代的中國歷史學家只能在漢朝的規範之中記述歷史。

❖ 正史架構的裂痕

如剛才所說，中國第一波的變化是伴隨西元一八四年黃巾之亂而來的人口銳減。經歷過此中國文明實質滅亡階段的東漢大學者鄭玄，提出了天道（宇宙循環）的循環週期為一千三百二十年的歷史理論。從周文王取代殷商朝接受天命的甲子年（西元前一一三七年）算起，一千三百二十年後的西元一八四年，剛好是一個循環的結束。從中可以看出當時的中國人是如何嚴重看待西元一八四年的黃巾之亂。

隨著中國世界的全面崩壞，東漢也失去了實質上的政權。經過長時間的內戰，西元二二〇年魏的曹丕（文帝）、西元二二一年蜀的劉備、西元二二九年吳的孫權相繼稱帝，結果造成了中國世界出現三個皇帝，應該是唯一的「正統」卻一分為三。

這個情況直到西元二八〇年晉朝的武帝（司馬炎）統一三國才終告落幕。之後，陳壽所寫的《三國志》六十五卷，是分裂時代中國世界的「正史」。記述的對象是三國，內容當然也就分為《魏書》、《蜀書》、《吳書》三部。然而，只有《魏書》當中有皇帝的〈本紀〉，無論是《蜀書》的劉備還是《吳書》的孫權，他們的事蹟都僅被放在〈列傳〉之中。這樣不公平的待遇表現出的政治主張是，「正統」的傳承從東漢到魏，再從魏到現在的晉。

以唯一的「正統」皇帝為中心的中國世界歷史觀在此已經出現裂痕，接下來中國第二波的變化，更加深了裂痕。

西元二世紀末，中國人幾乎滅絕，魏文帝以石頭為標識，圍起了河南和山東的一部分地區，將這個區域取名為「中都之地」，並將僅存的領地內的居民移居此處，估計居民總數最多不超過二百五十萬人。

為了填補現在無人居住的華北地區，文帝的父親曹操將在內蒙古西部遊牧的匈奴人遷移到山西高原。之後，晉朝好不容易於西元二八〇年再度統一中國，但不到二十年的時間，自西元二九一年始發生了八王之亂，中國再度陷入內戰的泥沼。匈奴的王族劉淵趁亂於西元三〇四年在山西打著反亂的旗號自稱漢王。匈奴軍於西元三一一年佔領晉朝的首都洛陽，俘虜了晉懷帝。兩年後懷帝被殺，晉愍帝於長安（西安）即位。然而於西元三一六年，長安也被匈奴軍攻破，晉愍帝被俘。隔年的西元三一七年，整整有一年的時間，中國世界沒有「正統」，就連個皇帝也沒有。這是中國史上空前絕後的大事件。

到了西元三一八年，晉朝皇族司馬睿（東晉元帝）在長江南方的建康（南京）即位，這才恢復了皇帝的稱號。這時候的江南地區尚未中國化，中國人的大型村落只有南京和武漢。東晉被宋取代，宋被南齊取代，南齊被梁，梁又被陳取代。南朝歷代都只不過是在非中國人地帶建立的亡命政權。從「正統」的歷史觀來看，東晉的建國者是「正統」的晉朝皇族，東晉的皇帝也必須是「正統」的皇帝。如果東晉是「正統」，那麼繼承東晉的宋、南齊、梁、陳自然也就是「正統」。

這件事本身其實就十分滑稽。當力微勢薄的南朝在江南地區苟延殘喘之時，華北的情勢有了重大改變。從西元三〇四年劉淵叛亂開始，與匈奴同樣移居華北地帶的多個遊牧民族參與了這場長達一百三十五年的五胡十六國之亂。終於，到了西元四三九年，遊牧民族鮮卑人所建立的北魏漸漸統一華北，這就是南北朝的開始。約莫百年之後，北魏東西分裂，東魏被北齊取代，西魏又被北周取代。最後，北周滅了北齊，北周又被隋取代。這些全都是鮮卑一族所建立的王朝。最終，隋文帝於西元五八九年兼併了南朝的陳，統一了中國。原本非漢人的鮮卑族，重建了中國。

隋朝統一中國還不到三十年，第二代的隋煬帝便在西元六一八年被殺，隋朝也跟著滅亡。同樣屬於鮮卑一族的唐太宗於十年後再度統一中國。唐朝編纂了南北朝時代的「正史」——《南史》與《北史》（皆於西元六五九年完成），兩者皆立有〈本紀〉。這代表了承認兩個不同系統的皇帝，也就等於是有兩個「天命」與兩個「正統」。

對於同為鮮卑族的唐朝而言，除了承認北朝的「正統」之外別無他法。

有趣的是，《北史》一開始便記述了北魏帝室的出身，記錄「祖先是黃帝。黃帝之子昌意的最小兒子在北方建國。北方有座大鮮卑山，因此以鮮卑為號」。這是模仿司馬遷的《史記》，追溯鮮卑族的北朝至歷史的開端，主張北朝與漢人的南朝擁有對等的「正統」資格。這其實是非常勉強的說法。到了唐朝以後的時代，以「正史」的架構記述歷史的時候，說法變得愈來愈勉強。

西元五五二年，阿爾泰山脈的遊牧民族突厥人在中央歐亞的草原上建國，逐漸成長為可以與匈奴匹敵的大遊牧帝國，也就是突厥汗國。當時的華北地區，鮮卑分裂成東魏與西魏、北齊與北周，相互抗爭，各陣營為了佔有優勢，紛紛尋求與突厥汗國結盟。西元五八三年，突厥汗國東西分裂，蒙古高原的東突厥汗國與隋朝結盟。隋煬帝末年，中國陷入內戰，擔任山西太原留守的李淵（唐高祖）也跟著起兵。李淵派使者前往東突厥汗國，向可汗稱臣。李淵的兒子唐太宗（李世民）在統一中國後兩年的西元六三〇年，滅了東突厥汗國。

這時，草原遊牧民族的首領們選出唐太宗為自己的共同君主，獻上了「天可汗」的稱號。此後，唐太宗在寫給西北地方的所有書信上，全都署名

「天可汗」。這是中國的「皇帝」首度兼任中央歐亞遊牧帝國的「可汗」。換句話說，中國至此為止的歷史舞台都僅限於中國，這個革命性的大事件首度讓中國橫跨中央歐亞地區。然而，以「正史」的架構處理這個重大的變化，卻讓中國的史官無所適從。

❖ 正史的缺陷

唐朝擁有完整的紀錄編纂，可以當作歷史的材料。每一個皇帝死後都會編纂「實錄」，依照年月日記載皇帝在位期間所發生的事。「實錄」的材料是每日皇帝所批閱的公文，由最高層級的機關向皇帝提出。這個「實錄」在王朝結束之後，成為下一個王朝編纂「正史」時的基本資料。到了後世，王朝還健在的時候便會以這些「實錄」為基礎，編寫「國史本紀」與相對應的「國史列傳」。這層層關卡看似非常值得信賴，然而當中其實有幾個重大陷阱。第一，關於國家最高方針的重要決定，全都是由下級機關呈報上級機關，很少以公文的方式裁定。一般都是由皇帝身邊的少數人決定，基本上不會留下公文，因此無論是在「實錄」、「國史」或是「正史」上都不應該會留有紀錄。

第二個陷阱在於擔任「正史」編纂的史官性格。隋朝開始舉辦科舉考試，以作詩、作文的能力當作選用官吏的基準。到了唐朝，科舉及第者（進士）當中特別優秀的人會被分派到翰林院，為皇帝頒發的詔令代筆，其中也有擔任編纂歷史的史官。科舉考試的範圍為儒教的「五經」。雖然儒教被道教取代，對於現實的政治也沒有任何影響力，但儒教的政治用語和觀念依舊保留了下來，影響了科舉出身的文人官僚在整理歷史時的價值判斷。也因此，唐朝以後的「正史」出現了許多非現實的面向。輕視歷史的軍事面便是最好的例子。

中國無論哪一個王朝，其政權的基礎都是軍隊，真正的最高權力通常掌握在圍繞皇帝身邊的軍人手裡。從中華人民共和國真正的最高權力機關是中央軍事委員會而非中國共產黨中央委員會中，也可看出端倪。然而，軍人不具有文字的知識，與紀錄更是無緣。因此，軍人的說法通常不會出現在「正史」之中。相反的，科舉出身的文人官僚，充其量不過是皇帝的佣人，他們所寫的「正史」卻給人科舉官僚才是支撐皇帝權力的基礎，中國政治是科舉官僚的文人政治，這樣的錯誤印象。這雖然只是反映出了儒教的理想論，但殊不知這對於理解中國文明歷史文化的真相造成多大的妨礙。

鮮卑人的唐朝在西元八八〇年被黃巢的叛軍攻破首都長安（西安），從此一蹶不振。在不久之後的西元九〇七年，唐朝被黃巢叛軍之一的朱全忠（後梁太祖）篡奪滅亡。統治華北的後梁在短短的十四年後被突厥人的後唐所滅。而後唐又在十三年後的西元九三六年被契丹帝國所滅，由同是突厥人的後晉統治華北地區。十一年後，契丹人再度入侵，後晉因此滅亡。同是突厥人的後漢取而代之，但只維持了四年。後漢之後，漢人的後周統治了華北地區約十年。這個混亂的半世紀被稱為五代，當中有三個朝代屬於突厥人的王朝。

編纂鮮卑人唐朝「正史」的是突厥人的後晉。西元九四五年，完成了《舊唐書》二百卷。然而，《舊唐書》僅僅集結了唐朝文人官僚編纂的紀錄，評價不高。沿用《史記》的架構，模仿《史記》的〈匈奴列傳〉，硬是把突厥汗國的記述列進了〈突厥列傳〉之中，完全不理解西元六三〇年，唐太宗被遊牧民族選為「天可汗」這個重大事件的意義。歷史的舞台依舊僅限於中國，採取一貫的態度，「歷史是中國的歷史」。

唐朝的「正史」除了《舊唐書》外，還有經過重新編纂的《新唐書》二百二十五卷。這是由五代之後統一中國的宋朝（西元九六〇年至一一二六年）於西元一〇六〇年完成。由於宋朝是漢人的王朝，因此《新唐書》的歷史觀與《舊唐書》相同，一樣以中國為中心，對於突厥汗國依舊漠不關心。

然而，現實的歷史舞台不斷地在擴張。西元六三〇年唐太宗被選為中央歐亞遊牧民族的「天可汗」，半世紀後，突厥人在蒙古高原重建了後突厥汗國。後突厥汗國後來被回鶻汗國（西元七四四年至八四〇年）取代。而回鶻汗國又被從西伯利亞入侵的黠戛斯人推翻。回鶻汗國之後，契丹人從東方越過大興安嶺山脈而來，建立了契丹（遼）帝國（西元九一六年至一一二五年），漸漸發展成為從滿洲橫跨蒙古高原、領土遍及中央歐亞地區的大帝國。契丹帝國統治的範圍南方僅限沿著長城的北京和大同一帶，但到了西元十二世紀，女真人的金帝國（西元一一一五年至一二三四年）取代契丹帝國，從宋朝奪取了淮河以北的華北地區。之後，與金帝國同盟的蒙古人成吉思汗建立了蒙古帝國，他的兒子窩闊台汗滅了金帝國。成吉思汗的孫子忽必烈汗

（元世祖）則滅了留在華中與華南地區的南宋（西元一一二七年至一二七六年）。就像這樣，中央歐亞草原自六世紀以來，由遊牧民族所建立的帝國不斷成長，終於到了西元十三世紀，完全吞沒了隋唐以來的中國世界。

由忽必烈汗所建立的元朝，各代大汗當然都有自己屬於中央歐亞草原帝國的自覺。他們熱衷於編纂歷史書，於西元一三四五年完成了《遼史》、《金史》、《宋史》三種漢文的「正史」。三本歷史書當中各自都列有「本紀」。宋朝是中國的王朝，但遼和金屬於中央歐亞地區的帝國。在三本歷史書中分別列「本紀」，代表了蒙古人認為與繼承隋唐以來中國「正統」的宋朝並列，中央歐亞也擁有獨自的「正統」，從遼傳給金再傳給蒙古。將歷史舞台從中國向外擴展，把中央歐亞地區也列入「正史」的對象，這是因為蒙古人才得以完成的事情。

然後，之後的發展卻不盡人意。西元一三六八年，忽必烈家族的元朝從中國退回蒙古高原，取而代之的是漢人的明朝（西元一三六八年至一六四四年）。相較於蒙古人的元帝國統治了亞洲的東半部，漢人的明朝其統治範圍十分狹隘，幾乎只有中國長城以南的地區。明朝以漢文編纂《元史》，記述蒙古人的歷史，在建國隔年的西元一三七〇年便完成。

《元史》記述的年代從一二〇六年成吉思汗即位開始，直到西元一三七〇年烏哈噶圖汗（元朝廟號為惠宗，明朝諡號為順帝）死在內蒙古為止。原本西元十三世紀至十四世紀，統治東從日本海、黃海、東海，西至黑海、地中海廣大領土的蒙古帝國都應該是記述的對象，然而實際上，《元史》是根據元朝的宮廷紀錄編纂，關於西元一二六〇年忽必烈汗即位之前的記述並不詳細。結果，《元史》正如其名，僅是記述蒙古帝國中元朝部分的「正史」。

元朝是整合東亞多數地區的大帝國，當中最重要的當然是蒙古高原，中國不過是元朝的殖民地之一。為了統治中國，元朝將行政中心設在大都（北京），所有統治中國的相關文書都在這裡。另一方面，統治中國以外地區的相關文書則在內蒙古的上都。西元一三五八年，紅巾軍攻陷內蒙古的上都時，相關文獻幾乎全部被燒毀或遺失。因此，《元史》的內容只有在中國發生的事件，幾乎沒有提及在蒙古高原、滿洲、西藏與中亞所發生的事。結果，《元史》依舊跳不出《史記》、《漢書》僅以中國為對象的傳統「正史」框架。元朝就好像是蒙古人進到中國建立王朝（所謂的「征服王朝」）一般，經常被人誤解——這是受到《元史》的影響。

元朝並非在西元一三六八年失去中國領土後就滅亡。蒙古人絕不承認明朝的皇帝為「正統」。在中央歐亞地區各處都可以看到成吉思汗的王家子孫們，在蒙古高原上稱號元朝（北元），王朝一直持續到西元十七世紀，直到末代可汗的遺孤向滿洲人的君主投降，蒙古帝國的統治權才移交到清朝（西元一六三六至一九一二年）手裡。清朝統一了比過去元朝還要廣大的地區，成為了統治歐亞大陸東半部的大帝國。最後一本「正史」《明史》便是由清朝編纂。

清朝於西元一六四四年征服中國，《明史》是在九十一年後的西元一七三五年完成。《明史》的主要資料來源為明朝科舉出身的文人官僚所寫的「實錄」，而負責編纂《明史》工作的人，同樣是科舉出身的文人官僚。為此，《明史》的內容輕忽了實際掌握明朝實權的軍人和宦官，而傾向強調甚至誇大文人官僚的功績。

話雖如此，清朝不愧是繼承元朝的「正統」，因為《明史》將明政權與蒙古政權的關係列入〈外國列傳〉，以「韃靼」為題，開宗明義寫道「韃靼即蒙古，故元後也」，清楚指出蒙古是元朝的後裔，在中國人的歷史學中等於承認了蒙古的「正統」。由於明朝是漢人的國家，因此《明史》也必須是以中國為中心的「正史」。

從《史記》到《明史》的二十四部「正史」，從最初到最後都是中國世界的「正統」歷史。在歷史的舞台超出中國範圍的時代，「正史」的框架多少有擴展，但基本上幾乎沒有改變。中國的歷史是停滯的歷史，因此經常有人誤解，從秦始皇統一「天下」開始到清宣統帝宣布退位為止，中國世界的特徵以及中國人這個民族的實體幾乎看不到什麼變化。然而事實上，不變的是「正史」的框架與表現手法，中國的實體卻隨著時代不斷變化。

如果想要將中國史列入世界史之中，創造出真正的世界史，那麼就不能再被「正史」所迷惑，是時候正視不在「正史」框架內的現實。為此必須重新審視一直以來強烈影響中國世界的中央歐亞世界的歷史，從這個角度重新組織出真正合邏輯的中國史。

第四章

創造世界史的草原民族

❖ 草原的遊牧民族

地中海歷史之父希羅多德所著的《歷史》，書中第一卷記載了波斯王朝首代君主居魯士遠征馬薩革泰的故事。這是關於中央歐亞草原的遊牧民族最古老的紀錄。

根據記載，居魯士王在征服新巴比倫帝國（西元前五三九年）之後，下一個目標便是馬薩革泰人。馬薩革泰人居住在裏海之東，阿拉克塞斯河（伏爾加河）的廣大平原（今哈薩克斯坦），佔地廣、人口多，是非常勇猛的民族，被認為與黑海北方的斯基泰人同族。

希羅多德介紹馬薩革泰人的風俗如下：

馬薩革泰人的服裝與斯基泰人非常相似，生活樣式也相同。打仗有時會使用馬，有時不會。他們同時擁有騎兵和步兵。他們另外還有弓箭兵和槍矛兵，戰鬥時習慣使用兩刃斧。無論什麼兵器都用金和青銅製造。矛頭、箭頭、戰斧主要使用青銅製造，頭飾、腰帶、束腹等則主要使用金裝飾。馬也一樣，除了保護馬胸的馬鎧「當胸」是用青銅製造之外，馬轡、馬銜、額飾等皆為金製。完全不使用鐵或銀。這是因為這個國家擁有無盡的金和青銅資源，但完全不出產鐵和銀。

這個國家的風俗習慣如下。男子一人可娶一位妻子，但男子們共用彼此的妻子。馬薩革泰的男子只要對一個女子有肉體上的慾望，便會將自己的箭箙掛在女子住的馬車前，肆無忌憚地與女子交歡。

這個國家雖然沒有年齡的限制，但如果男子活到非常高齡，親戚一族便會聚集在一起將男子殺掉，同時殺一隻家畜，一同烹煮來吃，這被認為是最幸福的事。他們不吃病死之人的肉，而是將他們埋在土裡。不能健康活到被殺的高齡，被認為是非常不幸的事。

馬薩革泰人完全不農耕，而是吃家畜和魚過活。在阿拉克塞斯河可以捕獲大量的魚。另外他們也不喝乳以外的飲料。

馬薩革泰人敬拜的神只有太陽神，他們會殺馬祭太陽神。會這樣做是因為要用世上跑得最快的動物來祭拜天上跑得最快的神。

西元前五二九年，居魯士王率兵進攻勇猛的馬薩革泰人，遭托米麗司女王率領的軍隊擊敗戰死。

從希羅多德的記述當中可以清楚看出，馬薩革泰人是哈薩克斯坦草原的遊牧民族。他們不住在固定的房屋當中，而是住在馬車上，方便遷徙。完全不農耕，過著畜牧生活。丈夫不能獨佔妻子代表了女性的自主性強，可以自由選擇喜歡的男子，這也是遊牧民族社會的特徵。另外，包括重視馬、擅騎馬以及使用黃金和青銅製的武器、飾品、馬具等，這些都是古代遊牧民族的文化。接下來還會詳加說明，東自蒙古高原，西至黑海北方，這些文化普及在廣大中央歐亞草原的每一個角落。

到了西元前五一三年，第三代波斯王大流士一世率軍渡博斯普魯斯海峽和伊斯克爾河（多瑙河），進攻黑海北方斯基泰人的國家，但不敵斯基泰人的游擊戰，最終宣告失敗。希羅多德將這段征戰記載在《歷史》第四卷中，其中另外詳細記載了斯基泰人的風俗。

根據記載，這個時代的斯基泰人，他們的居住地西自伊斯克爾河，東至塔奈斯河（頓河），也就是從現在的羅馬尼亞至摩爾多瓦、烏克蘭、北高加索一帶。斯基泰人是亞洲最早的遊牧民族，但不敵馬薩革泰人的侵擾，於是渡阿拉克塞斯河（伏爾加河），移居黑海北岸。原本住在這裡的辛梅里安人面對大舉來襲的斯基泰人，向南逃亡，進到了亞洲（今土耳其共和國的安那托利亞半島），移居黑海南岸的錫諾普半島。斯基泰人跟著辛梅里安人的腳步，經高加索南下，入侵米底亞（伊朗高原），統治了二十八年之後，退回到黑海北岸。這是西元前八世紀末的事。

根據斯基泰人的傳說，從前有三兄弟，有一天從天上掉下了黃金製的鋤頭、軛、戰斧以及酒杯。老大第一個發現這些寶物，準備接近取走寶物時，黃金突然起火。老大離開後，換老二接近寶物，結果發生同樣的事情。就像這樣，黃金起火讓老大和老二都無法靠近，但不可思議的是，當老三接近時，黃金的火瞬間熄滅，老三便將寶物帶回家。老大和老二看到這樣的情形，同意將王權讓給老三。

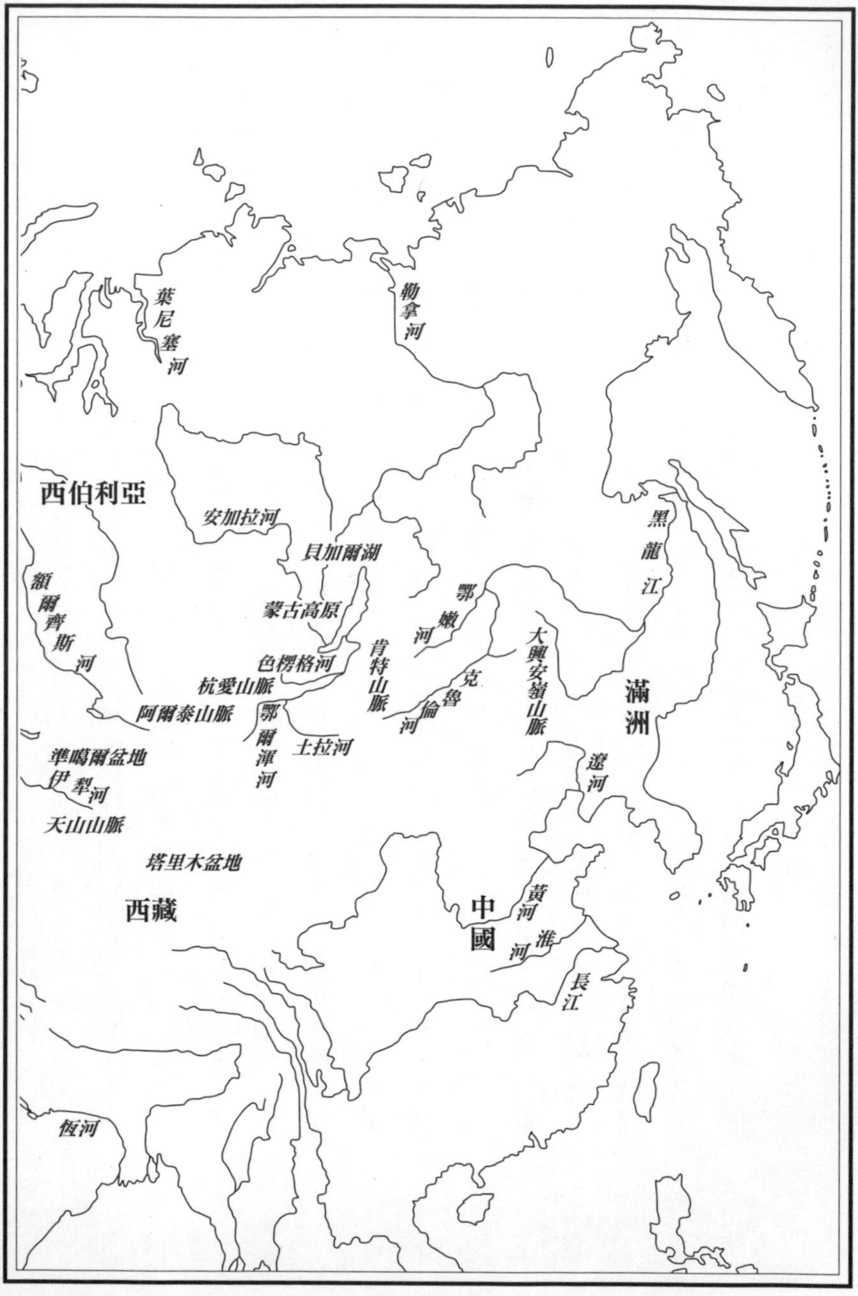
葉尼塞河
勒拿河
西伯利亞
安加拉河
貝加爾湖
黑龍江
額爾齊斯河
蒙古高原
鄂嫩河
色楞格河
肯特山脈
大興安嶺山脈
杭愛山脈
克魯倫河
滿洲
阿爾泰山脈
鄂爾渾河
土拉河
準噶爾盆地
伊犁河
遼河
天山山脈
塔里木盆地
西藏
黃河
中國
淮河
長江
恆河

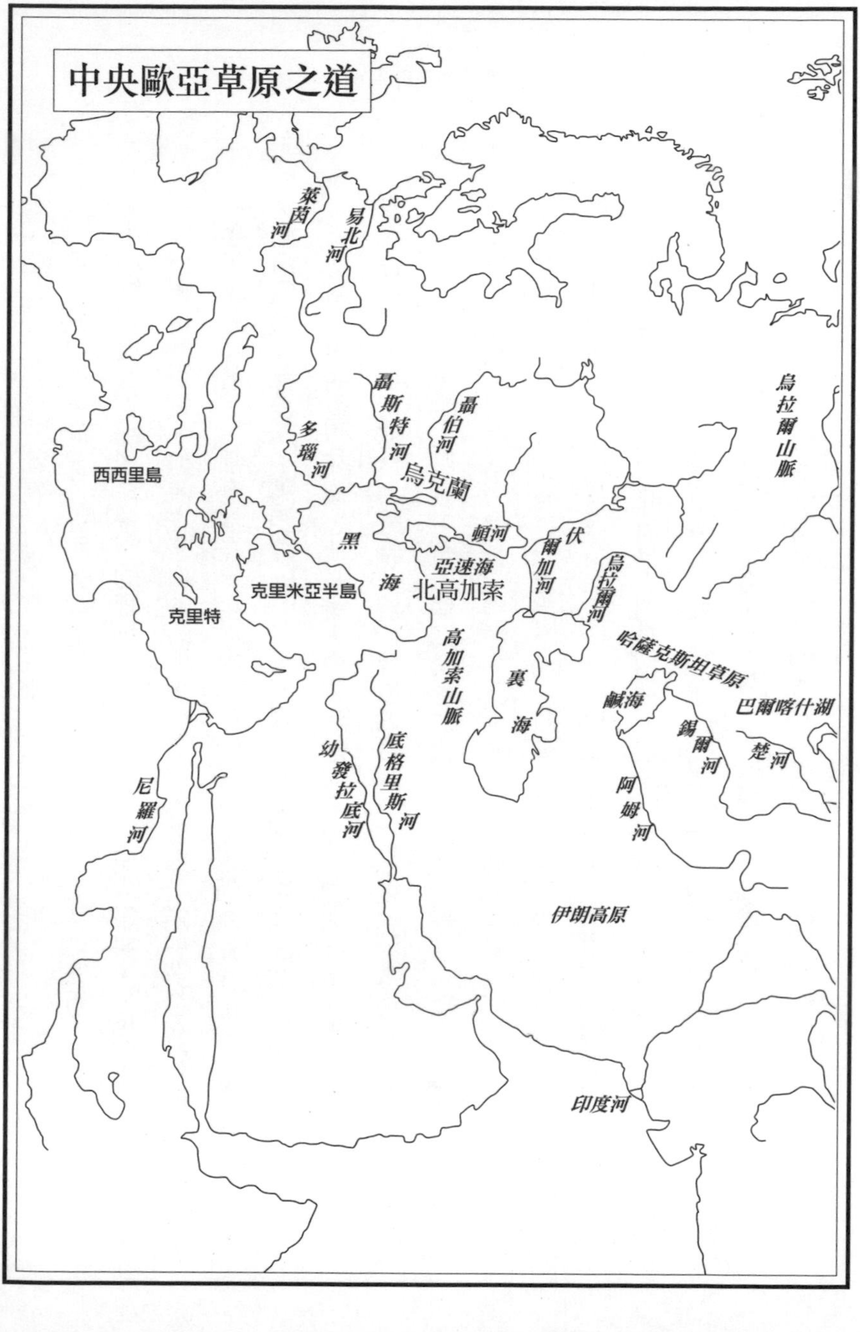
中央歐亞草原之道
萊茵河
易北河
聶斯特河
聶伯河
多瑙河
烏拉爾山脈
西西里島
烏克蘭
頓河
黑海
伏爾加河
亞速海
烏拉爾河
克里米亞半島
海
北高加索
克里特
高加索山脈
哈薩克斯坦草原
裏海
鹹海
巴爾喀什湖
錫爾河
楚河
幼發拉底河
底格里斯河
阿姆河
尼羅河
伊朗高原
印度河

這三兄弟是不同部族的祖先，老三的子孫便是斯基泰人的王族。歷代君王小心翼翼地保管那些黃金製的寶物，每年都會舉辦盛大祭典，像供奉神明一般祭祀這些寶物。傳說在祭典的時候，負責在郊外捧者這些黃金寶物的人如果不小心睡著了，那麼他在一年之內必死無疑。也正因為責任重大，擔任這個角色的人會被賜予馬匹奔跑一日可以到達的範圍的廣大土地。

斯基泰人的君主死後，斯基泰人會將遺體塗滿蠟，剖開肚子取出內臟，塞滿香草後再重新縫合。遺體在繞行統治的各國一圈之後，沿著現在的聶伯河中游，運進王陵。王陵中有一個四角形的大洞穴，地上鋪著草蓆，遺體就被安置在這裡。遺體兩旁會插上槍矛，上面再鋪上樹枝和稻草。王陵內還會絞殺君主的一位妾室陪葬，並選出奉酒、料理、馬伕、隨從、傳話等侍臣、馬匹、其他各式物品以及黃金的酒杯一同埋葬。絕對不使用銀或青銅製的酒杯。最後再在墓穴上面建造巨大的墓塚。

一年過後，再從過世君王的侍臣當中選出與君王最親近的五十人和最優秀的馬五十匹，絞殺後清除內臟，塞入米糠後重新縫合。另外再用粗棒穿過馬的身體，兩端架在用半個車輪所做的支架上，馬的四肢懸空。套上馬具，將韁繩套在前方的木頭上。五十匹馬背上放上五十具侍臣的遺骸，用棒子沿著背骨穿過頸部，插在下方馬身上的粗棒上。這些已死的騎士被放在王陵附近。

從上列記述中可以清楚看出，斯基泰人與馬薩革泰人相同，喜好黃金與青銅器，是擅長騎馬的遊牧民族。關於斯基泰人，希羅多德曾說過這樣的話：

他們絕不放過任何一個攻擊他們的人。另外，除非他們被敵人發現，否則無論是誰都抓不住他們。這是因為他們沒有建造任何城市或要塞，騎上馬就能移動，不留下任何痕跡。他們非常善於使用弓箭，生活不仰賴農耕而是靠家畜。他們住在靠猛獸拖拉的車上。這樣的民族，不要說戰勝他們了，就連與他們接觸都十分困難。

❖ 中央歐亞草原之道

根據希羅多德的說法，斯基泰人國東境塔奈斯河的東方，住著不隸屬斯基泰國王統治的別種斯基泰人。到塔奈斯河為止的地區土壤肥沃，土地平坦，但往東卻是充滿小石和岩石的不毛之地。過了這個不毛之地就到達高山（烏拉爾山脈）的山腳，這裡住著阿爾吉帕人。這個民族的人無論男女，一生下來就是禿頭。獅子鼻、寬下顎，服裝雖屬斯基泰風格，但說著獨自的語言，以堅果為食。他們夏天住在樹蔭下，冬天則在樹下蓋毛氈取暖。

斯基泰人和希臘人也曾經造訪過阿爾吉帕人的國度。根據希羅多德的說法，再往東還住著伊塞頓人。

正如之前所述，斯基泰人是遭到馬薩革泰人的攻擊移居黑海北方。但希羅多德認為，斯基泰人之所以會遷移，不是受到馬薩革泰人的攻擊，而是受到伊塞頓人的攻擊。

根據希羅多德的說法，有一名為亞里斯提的希臘人，在他所著的敘事詩《阿里瑪斯比亞》〔*Arimaspea*〕）中寫道，自己受到阿波羅神的召喚，前往伊塞頓人的國度。伊塞頓人的鄰近住著獨眼的阿里瑪斯普人，附近還有一群守著黃金的獅鷲獸，再過去則住著許珀耳玻瑞亞人（意指「在北風之外的人們」），再過去就是海。除了許珀耳玻瑞亞人之外，包括阿里瑪斯普人在內的各個民族，都不斷攻擊附近鄰族。伊塞頓人被阿里瑪斯普人趕走，斯基泰人又被伊塞頓人趕走，而住在南方海（黑海）的辛梅里安人又受到斯基泰人的壓迫而移居他處。

根據斯基泰人的傳說，伊塞頓人的風俗習慣如下：一家的父親如果死亡，親戚們會帶著家畜聚集在一起。他們將家畜的肉剁碎，混著死亡父親的肉，烹調之後用來宴客。死者的頭除去毛髮，經過整理後，鋪上金箔，將人頭當作祭拜物，每年都會舉辦盛大的祭典祭拜。在這個國家，男女擁有同等的權利。

伊塞頓人再過去住著獨眼的阿里瑪斯普人以及一群守著黃金的獅鷲獸，這段記述是斯基泰人從伊塞頓人那裡聽來，又傳給了希臘人。希羅多德指出，斯基泰語中的「阿里瑪」代表「單一」，而「斯普」代表「眼睛」。

從希羅多德的記述當中可以看出伊塞頓人和馬薩革泰人十分相似。伊塞頓人的居住地是烏拉爾山脈東方，馬薩革泰人則是伏爾加河東方，兩者皆在哈薩克斯坦草原上。將死者的肉與家畜的肉混合食用的部分也相同，且女性的權利大這一點也一樣。可見這是同一個民族的情報經由不同的途徑傳到希臘人耳裡。「伊斯頓」是斯基泰語的稱呼，而「馬薩革泰」則是「波斯語」的稱呼。

亞里斯提所說的「攻擊伊塞頓人，將他們趕到哈薩克斯坦草原」的獨眼阿里瑪斯普人，是哈薩克斯坦草原東方準噶爾盆地（新疆維吾爾自治區的北半部）的遊牧民族。從這裡再往東，越過阿爾泰山脈便是蒙古高原。

阿爾泰山脈便是守著黃金的獅鷲獸所居住的地方。黃金在突厥語中稱「Altun」，蒙古語中稱「Altan」。而中國史書《後漢書》，在關於西元九一年滅北匈奴之戰的記述中稱阿爾泰山脈為「金微山」，這座山的名稱與「黃金」具有密切關係。

既然如此，獅鷲獸再過去的許珀耳玻瑞亞人也必定是蒙古高原的遊牧民族。而「許珀耳玻瑞亞人的居住地再過去就是海」的這個記述中，所謂的「海」指的是布里亞特共和國的貝加爾湖。貝加爾湖在司馬遷的《史記》中被稱作「北海」。

亞里斯提的敘事詩《阿里瑪斯比亞》，原文現在已經失傳，但由於希羅多德在《歷史》中引用了部分字句，我們可以清楚知道貝加爾湖向西，經過蒙古高原、準噶爾盆地、哈薩克斯坦、北高加索，直到烏克蘭的中央歐亞草原之道在西元前八世紀就已經開通，遊牧民族經由這條草原之道向西方遷徙。像這樣的遊牧民族西移，在之後的各個時代中也不斷發生。

❖ 印歐人

其實，遊牧民族經由草原之道的遷徙並非西元前八世紀初才開始的事。現在的歐洲大陸全境、西南亞的伊朗高原、南亞的印亞大陸的大部分都住著說印亞語族的人，而這些人原本是住在中央歐亞內部的某個地方。他們是從西元前三千年開始，便從原本的居住地向西或向南遷徙。到了西元前二千年初，西臺人進入到了西亞的安那托利亞，建立了古王國，而西臺人留下的文字被認為是最古老的印歐語紀錄。

與西臺人同一時期在歐洲，希臘人從巴爾幹半島南下，定居在現今的希臘。希臘語當然也屬於印歐語系。在希臘北方，從多瑙河向西、阿爾卑斯山脈向北到庇里牛斯山北方，住著說印歐語的凱爾特人。然而在現今歐洲，只有在最西端的部分還保留凱爾特語（愛爾蘭的蓋爾語、不列顛群島的威爾斯語、布列塔尼半島的布列塔尼語），中央歐洲、西歐等過去的凱爾語地帶，被後來的日耳曼語（德語、英語）和羅曼語（法語）所佔領。此外，凱爾特人在領先所有印歐人進入歐洲之前，歐洲就已經有人居住，這些人的語言是現在保留在庇里牛斯山中的巴斯克語。

在凱爾特人進入西歐的大約同一時期，同樣說印歐語的雅利安人南下進入了印亞大陸北部，消滅了說達羅毗荼語、印度河流域文明中的哈拉帕和摩亨佐—達羅等城市。達羅毗荼人的語言成為了將來吠陀語、梵語等印度語系的祖先。

在這樣大規模的遷徙之前，印歐人原本的居住地到底在哪裡？至今尚未確定。然而，有一個名為吐火羅語的語言，它與西臺語的特徵最為接近，在與中國南北朝、隋、唐同期的西元六至八世紀時，住在塔里木盆地（新疆維吾爾自治區的南半部）綠洲城市的人使用的就是吐火羅語。吐火羅語之後被突厥語取代，消失了蹤影，但在綠洲城市發現了許多以吐火羅語書寫的資料。雖然是在新的時代發現吐火羅語的資料，但從古代的印歐語可以留到後世這一點看來，最初使用印歐語的人們應該就是這一帶的原住民。他們應該是從塔里木盆地向北越過天山山脈，屬於準噶爾盆地的草原遊牧民族。如前所述，準噶爾盆地在西元前八世紀被獨眼的阿里瑪斯普人從東方入侵，將原本居住在這裡的伊塞頓人趕到了西方的哈薩克斯坦草原。

回到之前的話題。斯基泰人的王國統治從頓河到多瑙河的廣大草原，維持了將近一千年的繁榮，到了西元三世紀中葉，被從西北方入侵的日耳曼族的哥德人所滅。哥德人以聶斯特河為境，分成東西兩個王國。東哥德王國統治從聶斯特河至頓河為止的領土，而西哥德王國的領土則是從聶斯特河至多瑙河為止。

到了西元三七〇年，名為匈人的遊牧民族從東方經由中央歐亞草原之道入侵，首先征服了北高加索的奄蔡人（今北奧塞提亞共和國的奧塞提亞人），接著渡頓河征服了東哥德人，掌握了黑海以北的草原。西元三七五年，西哥德人渡多瑙河，逃往羅馬帝國的領地。日耳曼人的大遷徙也從此開始。引起日耳曼人大遷徙、改變歐洲命運的匈人是從遙遠東方的蒙古高原遷移而來。講到這裡，暫且離開地中海世界的歷史，轉向中國世界的歷史。

❖ 匈奴帝國的出現

如前文所述，從司馬遷《史記》的〈本紀〉中可以看出，夏人屬於擁有東南亞文化的民族（東夷），沿著內陸的水路而來，在河南的黃河流域中游建造了東亞最古老的城市國家。這是西元前二〇〇〇年代前半的事，他們的文化成為了後世中國文明的基礎。

征服夏人城市的是西元前二〇〇〇年代中期，從北方入侵的狩獵民族（北狄）殷人。從與黃河中游北岸連接的山西高原一直到山西高原以北的內蒙古東部為止，古時候是楓樹、椴樹、樺樹、紅松、槲樹、核桃樹、榆樹茂密生長的森林地帶，這片森林向東北延伸，與滿洲、西伯利亞的森林連接。殷人原本就居住在這片森林之中。

而征服殷人城市的是西元前二〇〇〇年代末期，從西方草原入侵的遊牧民族（西戎）周人。周人與其同盟部族統治了華北黃河流域平原的眾多城市，城廓內混雜了東夷、北狄以及西戎人。另一方面，出身山地農耕民族（南蠻）的楚人在華中的湖北建立王國，統治長江、淮河流域，與華北各國相互競爭。最後，到了西元前三世紀，西北西戎出身的秦國相繼征服了華北與華中的城市國家，於西元前二二一年完成統一，秦王嬴政（秦始皇）首度採用皇帝的稱號。這是中國世界及其皇帝制度的開端。

就像這樣，從西元前二〇〇〇年代開始，操控中國過去城市國家時代的人都是從中央歐亞地區反覆入侵的狩獵民族或遊牧民族。他們所帶進的中央歐亞文化，與基礎的東南亞文化交疊，在西元前二二一年秦始皇統一中國的同時，形成了中國文明。若沒有中央歐亞的刺激，黃河流域的城市國家是無法成長的，中國文明也不可能成立。

在中央歐亞力量的推動之下，中國出現了最初的統一帝國，在此同時，中央歐亞本身也出現了最初的草原遊牧帝國，那就是匈奴。

根據中國世界「歷史之父」司馬遷所著的《史記》〈匈奴列傳〉篇的記載，

匈奴是蒙古高原的遊牧民族：

家畜當中最多的是馬、牛、羊，比較少見的則有駱駝、驢馬以及騾馬等，為了尋找水與草而不斷遷徙。雖然沒有城市、固定的房子或是農耕地，但各自擁有屬於自己的土地。文字少，多半用口頭傳遞命令。兒童也擅長騎羊，會用弓射鳥或鼠。稍微長大一點之後，便會獵狐和兔來吃。力量大到可以把弓拉斷的人，都成為騎兵。太平時照顧家畜，獵取鳥獸為生。戰時每一個人都是戰士，隨著出征，這是他們與生俱來的天性。遠距離戰使用的武器是弓和箭，近距離戰使用的武器則是刀和槍。戰況對己有利時勇往直前，不利時則向後退兵，他們不以遁逃為恥。從君主起，所有人都吃家畜的肉，穿家畜的皮，蓋毛氈或毛皮。壯年者吃的是肥美的肉，老人則吃剩下的部分。壯年且力強者受人尊敬，老年且力弱者則受人輕蔑。父親死後，兒子與繼母結婚。兄弟死後，其他兄弟與寡婦結婚。習慣上可以直呼名諱，沒有姓也沒有字。[1]

匈奴君主的稱號為「單于」。冒頓單于首度統一蒙古高原是在西元前二一〇年秦始皇死後、項羽和劉邦（漢高祖）二分天下相互競爭的時期。冒頓單于的勢力日益茁壯，擁有戰士三十萬餘人。

冒頓單于建立的匈奴帝國是眾多遊牧民族部族的聯盟。根據司馬遷的記述，單于之下是左賢王與右賢王，再下是二十四個部族首領。部族首領之下各有騎兵，多則一萬，少則數千人，被稱為「萬騎」（萬人隊長），這些大臣的地位皆為世襲。部族當中地位最高的是呼衍氏族和蘭氏族，接下來是須卜氏族。這些部族首領分為左方和右方，左方的部族首領住在蒙古高原東部，主掌北京以東，滿洲和朝鮮半島方面的前線。右方的部族首領則住在蒙古高

1〔編註〕《史記．匈奴列傳》：「其畜之所多則馬、牛、羊，其奇畜則橐駞、驢、羸、駃騠、騊駼、驒騱。逐水草遷徙，毋城郭常處耕田之業，然亦各有分地。毋文書，以言語為約束。兒能騎羊，引弓射鳥鼠；少長則射狐兔：用為食。士力能毋弓，盡為甲騎。其俗，寬則隨畜，因射獵禽獸為生業，急則人習戰攻以侵伐，其天性也。其長兵則弓矢，短兵則刀鋋。利則進，不利則退，不羞遁走。苟利所在，不知禮義。自君王以下，咸食畜肉，衣其皮革，被旃裘。壯者食肥美，老者食其餘。貴壯健，賤老弱。父死，妻其後母；兄弟死，皆取其妻妻之。其俗有名不諱，而無姓字。」

原西部，主掌陝西以西，中亞方面的前線。單于的宮殿位於中央位置，與山西前線相望。單于以下的大臣都有各自的土地，在範圍之內遷徙尋找水和草。二十四個部族首領之下有千長（千人隊長）、百長（百人隊長）、什長（十人隊長）等不同官職。

每到陰曆正月，單于的營帳中便會舉行小規模的慶祝儀式。在夏季的陰曆五月，會在名為「龍城」的地方舉行集會，祭拜祖先與天地諸神。到了秋高馬肥之時，會在名為「蹛林」的地方舉行集會，統計人口和家畜的數量。戰爭時，斬殺有位階的敵軍者可以獲得戰利品，戰俘成為俘虜者的奴隸。為此，戰爭時大家都是為了自己的利益而戰，深入敵軍誘敵也在所不辭。發現敵軍時，為求己利的人就好像烏鴉一般蜂擁而至，等到情勢不利之時，所有人又會立刻消失得無影無蹤。在戰場上處理戰死者屍體者，死者的所有財產皆可歸為己有。

司馬遷所描寫的匈奴風俗，與千百年後的蒙古人一模一樣。不僅是風俗習慣，就連東翼掌管東方、西翼掌管西方，以及身分地位從萬人隊長以下至十人隊長為止，採取十進法的匈奴帝國制度，都被之後歷代的遊牧帝國所繼承，成為一項傳統。成吉思汗的蒙古帝國也相同，東方的部族由左翼的萬人隊長指揮，而西方的部族則由右翼的萬人隊長指揮。部族首長被稱為千人隊長，下面各設百人隊長和十人隊長。

匈奴帝國面對中國的漢朝，在軍事實力上一直處於優勢。西元前二〇〇年發生了最初的衝突，漢高祖在今山西大同東北方一個名為白登的地方被冒頓單于的大軍包圍，最後是因為贈送厚禮給單于的皇后，才得以脫困。以此為契機，匈奴與漢朝之間開始和親，約定長城以北的遊牧民族歸屬於單于，以南的住民則歸屬於漢朝皇帝。漢朝把皇族女兒嫁給單于，每年還固定贈予匈奴絲織品、酒、米、食物等，單于與皇帝也成了兄弟。像這樣將中國皇家的女兒嫁給匈奴和親、每年贈送物資，以及君主間的兄弟之交一直持續到西元十三世紀，遊牧帝國與中國的和親關係成了慣例。

西元前一七四年，冒頓單于寫了一封信給漢文帝，通知漢朝他們擊敗了西方名為月氏的民族，掌控了天山山脈北邊準噶爾盆地的遊牧民族和南邊塔里木盆地的綠洲城市。正如希羅多德所述，遊牧民族再度從蒙古高原經過草原之道向西遷徙。

西元前二世紀末的中國世界——司馬遷的時代

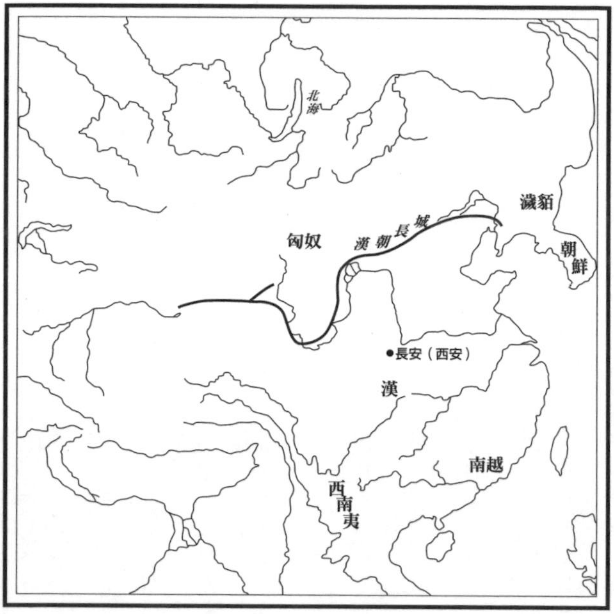

❖ 遊牧帝國的理論

蒙古高原的遊牧民族統一之後就立即開始征戰有其特殊的理由。遊牧民族原本的生活型態，在平時沒有團結的必要。一年的降雨量少，草的生長狀況也不是很好，因此如果定居在一個地方，家畜馬上就會把那裡的草吃完，讓他們無法繼續生活下去。為此，遊牧民族從春天嫩草剛長出來的時候就開始遷徙，一路上讓家畜吃草，從夏天到秋天慢慢在草原上遷徙。等到冬天便會向南移到山谷裡，躲避寒冷的北風。像這樣一邊遷徙一邊畜牧便稱作遊牧。雖說是遷徙，但並不是漫無目的地隨便走動。他們多半有固定的越冬營地和避暑營地，一般而言是往返於兩地之間。

這是遊牧生活的特徵，如果人口集中在一地，那麼草量便會不足，無法飼養足夠的家畜過活，因此一起遊牧的最多也只有幾個家庭。換句話說，遊牧民族不需要大型的組織或社會整合便可以生活，只要有家畜就足夠了。也因此，獨立自主的遊牧民族愛好自由，自視甚高。另一方面，農耕民因為必須共同插秧、灌溉、收割，因此必須屈就於組織之下，兩者之間非常不同。

讓遊牧民族團結的契機是與農耕民的交易。人類所需的營養不僅僅只是肉類和乳製品，也需要能量來源的醣類。然而，乾燥的蒙古高原不適合農耕，無法取得穀物。另外，也因為不適合養蠶，所以無法取得用來做衣服的絲織品。為此，在遊牧地帶與農耕地帶的交界開始了交易，遊牧民族首先帶來的交易品是馬。

馬可以用來拉戰車或讓騎兵乘用，對軍隊來說非常重要，然而華北平原既沒有養馬，也沒有繁殖馬匹。因此，無論是中國以前的城市國家還是統一後的中國，每年都必須從蒙古高原引進馬匹。另外，食鹽也是人類不可缺少的東西，但在華北平原很難取得。另一方面，蒙古高原上有許多鹽湖，可以大量取得優質的食鹽。其他包括毛皮、羊皮、羊毛、皮革製品等都是蒙古高原的特產，遊牧民族將這些東西運到農耕地帶，交換必須的穀物和絲織品。

這樣的交易如果能夠一直和平順利進行，遊牧民族以家庭為單位，可以各自過著獨立自由的日子。然而，只要中國出現強大的統一帝國，事情就沒有那麼簡單。國境貿易是中國皇帝管轄的範圍，無論在哪一個市場，商品的價格都必須相同。而且，遊牧地帶的物品便宜，但農耕地帶的物品價格受到控制，居高不下，這對遊牧民族而言十分不利。如果遊牧民族對於不正當的削價行為有所抵抗，中國就會停止供給生活必需品。就算被迫訴諸武力，以遊牧民族的現況，也完全不是中國軍力的對手。

在這樣的情況之下，遊牧民族必須團結，為向中國交涉或戰爭做準備。西元前二二一年秦始皇統一中國之後，蒙古高原馬上就出現了匈奴最初的遊牧帝國，這正是因為他們必須對抗中國，以冒頓單于為中心的遊牧民族團結後的結果。然而，遊牧帝國的本質是部族的聯盟。聯盟的核心是在單于的軍旗之下奔走的親衛軍，他們同時也是單于的宮殿、遊牧帝國的中央政府。就像這樣，單于的身邊總是聚集了許多人，為了養活這些人，聚集了更多的家畜。這麼多的人和家畜全部聚集在同一個地方，給家畜吃的草當然也就不夠。為了彌補不足，必須從農耕地帶獲取大量穀物。

再加上人們既然追隨了君主，當然期待君主能讓自己的生活更加豐衣足食，君主向追隨自己的遊牧民族徵收財物是不可能的事。相反的，君主必須靠自己的能力從外面找來財物，並將這些財物分給大家。如果無法做到，那麼就沒有資格當遊牧民族的君主。這一點從匈奴的單于開始到蒙古的可汗為止都沒有改變。得到可以分給人民的財物，最快的方式便是以軍事力威脅中國提供經濟援助，如果還是不夠，那麼便入侵中國邊境掠奪。不顧與漢朝的和親關係，匈奴從西元前一六六年起數度大規模入侵漢朝，便是在這樣的背景之下。

對於匈奴的入侵，漢朝完全束手無策。到了西元前一四一年漢武帝即位，雖然數度派遣大軍前往蒙古高原討伐匈奴，但只是為漢朝帶來莫大的死傷，並沒有實質的效果，無法逼迫匈奴的單于向漢朝皇帝稱臣。這是因為，遊牧民族的軍隊全都是騎兵，移動的速度非常快，而農耕民出身的軍隊大多為步兵，行軍的速度慢，無法準確掌握敵軍的蹤跡。再加上農耕民出身的軍隊，他們的主食是穀物，在草原地帶無法取得。因此，在主力部隊的進軍路上，必須事先用牛車隊搬運大量的糧食到各個要點。但這些沒有防備的運輸部隊，也成為了敵軍最佳的攻擊目標。因此，在蒙古高原上的戰爭，人數少的遊牧民族卻往往比農耕民出身的大軍更能佔據有利的地位。

到了西元前一世紀中期，為了爭奪單于之位，匈奴發生內亂，其中一方的呼韓邪單于與漢朝結盟，於西元五一年前往長安（西安）拜訪皇帝，受到了至高無上的禮遇。遊牧帝國的君主自動前往拜訪中國皇帝是因為匈奴內部的分裂，才會發生這樣史無前例的事。

呼韓邪單于於西元前三三年再度拜訪長安，當時的漢元帝將貴族的女兒王昭君嫁給了單于。王昭君是漢元帝皇后王氏的親族，也就是二十五年後奪取漢朝皇位的王莽一族。王昭君與呼韓邪單于結婚後產下一子，呼韓邪單于死後與下一位單于再婚，生下了兩個女兒。

至此為止，匈奴的單于與漢朝的皇帝屬於對等的關係，但等到王莽篡漢後，他卻蠻橫地單方面將單于當作中國的地方行政官對待。王莽的立場是，根據儒教教義，單于屬於皇帝的臣下。當然和親也告吹，之後匈奴連年入侵中國，兵擾北方邊境。王莽為了討伐匈奴召集大軍，此舉反而引起國內的叛亂。西元二三年，新莽滅亡。國內的叛亂也嚴重打擊了中國。根據西元二年的統計，當時人口達五千九百五十九萬四千九百七十八人，也就是大約六千萬人，但王莽時代的內亂讓人口減半，新莽滅亡後持續的內亂也讓人口再度減半。東漢光武帝於西元三七年重新統一中國時，人口僅剩一千五百萬。光武帝過世的西元五七年，人口數雖有恢復，但仍是半世紀前的三分之一，僅有兩千一百萬零一千八百二十人。

同一時期，匈奴內部再度發生紛爭，以戈壁為境，分裂成外蒙古的北匈奴和內蒙古的南匈奴。南匈奴與東漢結盟，沿著長城遊牧，單于則住在黃河河曲的南側，接受東漢駐紮軍隊的護衛。

到了西元一世紀末，別的遊牧民族鮮卑族從東入侵外蒙古，於西元八七年殺了北匈奴的單于。趁此機會，東漢與南匈奴的聯軍於西元八九年至九一年向外蒙古進軍鎮壓，在「金微山」（阿爾泰山脈）擊敗了向西逃的北匈奴單于。北匈奴單于逃亡，不知去向，據推測應該是從準噶爾盆地向哈薩克斯坦草原方面逃亡。外蒙古被移居而來的鮮卑族佔據，留在北匈奴的十萬多家族，全部改稱自己為鮮卑人。

另一方面，東漢的中國繁榮富裕，在西元一五六年的統計中，人口超過五千萬人，宗教祕密結社的革命思想以城市為中心，流行於下層階級，終於到了西元一八四年，全國爆發了「黃巾之亂」。反叛軍雖然立即被鎮壓，但政府軍的將軍們為了爭奪政權引發了內戰，東漢政府實質上已經滅亡。內戰持續半世紀的結果，中國的人口從原本的五千多萬銳減至四百多萬人，華北平原的住民幾乎滅絕。存活下來的中國人之中，有二百多萬人被魏王曹操集中到了河南地方。一百數十萬人在東吳孫權的統治下，集中在湖北武漢和江蘇的南京等地。剩下不到百萬人則在蜀漢劉備的統治下，集中在四川的成都盆地，這就是三國時代中國的狀況。

由於人口銳減，魏王曹操為了補足人手，積極將烏桓（烏丸）、鮮卑、南匈奴等遊牧民族遷移到無人的中國內地。南匈奴從內蒙古被遷移到了山西高原。終於，魏、蜀、吳三國在西元二八〇年被晉統一，中國也終於在分裂百年後重新恢復統一，但僅僅二十年的時間，皇族將軍的內戰「八王之亂」卻讓中國再度陷入混亂。

西元三〇四年，山西的南匈奴趁亂宣布獨立，其他遊牧民族也跟著在華北各地揭竿謀反，開始了持續一百三十五年的五胡十六國之亂。南匈奴軍於西元三一一年佔領洛陽，俘虜了晉朝皇帝，接著又在西元三一六年佔領長安，俘虜了下一個皇帝。到隔年西元三一七年的一年間，中國沒有皇帝。從西元前二二一年秦始皇當上最初的皇帝開始，直到西元一九一二年清宣統帝宣布退位為止的二千一百三十二年間，只有空前絕後的西元三一七年，中國沒有任何一位皇帝。

❖ 匈人的出現

匈人現身哈薩克斯坦草原，橫渡伏爾加河和頓河，入侵黑海北方草原，征服東哥德王國，正是中國發生五胡十六國之亂的西元三七〇年代。匈人也就是匈奴人，自從北匈奴的單于在阿爾泰山脈被擊敗、消失蹤影，一直到匈人出現在北高加索山，這中間經歷了二百八十年的時間。另外，從南匈奴與東漢結盟，一直到南匈奴滅晉朝為止，經歷了二百六十六年，兩者的時間長短大致相同。

西元四三四年，匈人的盧阿王死後，由其外甥貝里達和阿提拉繼承大業。東羅馬帝國的狄奧多西皇帝每年支付兩兄弟七百磅的黃金，換取邊境片刻的和平。匈人於是將活動方向西移，於西元四三六年消滅了萊茵河畔由沃爾姆斯的日耳曼人所建立的勃艮第王國。這場戰役在日耳曼人間流傳，成為著名中世紀中古高地德語敘事詩《尼伯龍根之歌》的主題。

西元四四五年左右，貝里達被殺，阿提拉成為了所有匈人的君主。阿提拉曾一度入侵西羅馬帝國的高盧，兩度入侵義大利，但並沒有獲得多大的成果，於西元四五三年驟逝。阿提拉死後的西元四五四年，日耳曼部族格皮德人的阿爾達里克王擊敗了匈人，殺了三萬人。阿拉提的長子艾拉克也戰死。此戰之後，匈人在多瑙河方面的勢力被消滅，但黑海北方的匈人在阿提拉幼子鄧吉西克的率領之下存活了下來。兩個世紀後的西元六八〇年，鄧吉西克的子孫阿斯巴魯赫率領保加爾人進入巴爾幹半島，建立了保加利亞第一帝國。

就像這樣，匈人從東方入侵的結果，在歐洲引起了日耳曼人的大遷徙。西羅馬帝國遭到日耳曼各部族的踐踏，阿提拉的重臣——即日耳曼人埃迪古——之子奧多亞塞曾是羅馬帝國的傭兵，於西元四七六年罷黜西羅馬帝國的羅慕路斯・奧古斯都皇帝。這就是西羅馬帝國的滅亡，歐洲的古代也在此劃上句點，開啟了中世紀。

❖ 羅馬「帝國」的虛構

在這裡要做出聲明。本書雖然使用了「羅馬皇帝」或是「羅馬帝國」這樣的字眼，但事實上，羅馬並不存在皇帝，因此也從來不曾是一個帝國。

所謂「羅馬帝國」的正式名稱在拉丁語中稱「*res publica*」，意指「元老院與民眾的共有財產」，也是英語「republic」和法語「république」的語源，這個詞彙是從西元十八世紀末的法國革命起，才從原本的「王國」轉變成「共和國」的意思。

另外，在「*res publica*」以實力掌權的「奧古斯都」們，他們正式的資格僅是「元老院的首席議員」。因為中國沒有元老院，所以才以中國式的思維，將「奧古斯都」翻譯成「皇帝」，這其實是錯誤的。羅馬的「*provincia*」（行省）有些屬於元老院，有些則屬於奧古斯都的管轄範圍。兩者合起來才是「*res publica*」，也就是所謂的羅馬「帝國」。

日語的「帝國」是英語「empire」和法語「empire」的翻譯語，兩者皆是從拉丁語的「*imperium*」演變而來。「*imperium*」在拉丁語中含有「命令權」之意。羅馬人的官吏，根據其地位的不同，發號施令的權限也不同，這就是「*imperium*」。也就是說，每一個官吏就是一個「*imperium*」，羅馬「帝國」中的「*imperium*」相當於官吏的數量。「*imperium*」要到西元十四紀初才開始被當作「帝國」之意使用，而且當時指的是德意志的神聖羅馬帝國。

另外，英語的「emperor」和法語的「empereur」，在日本被翻譯成「皇帝」，兩者皆是從拉丁語的「*imperator*」演變而來，意指「發號施令的人」。然而，在羅馬時代，「*imperator*」並非奧古斯都的稱號，而是抵抗外敵獲勝的將軍們受部下推崇的非正式稱號，且將軍們「*imperator*」的稱號，也只能用到回羅馬舉行凱旋儀式為止。

因此，羅馬「帝國」與羅馬「皇帝」兩者皆是錯誤的翻譯，這是在明治時代的日本人，將中國史的知識套在西洋史上，試圖了解西洋史之下的產物。這樣錯誤的翻譯，一直到現在都留有不好的影響，讓日本人對世界史產生誤解。

回歸正題。西元四七六年之後羅馬的奧古斯都遭到罷黜，在西歐屬於羅馬人的時代也隨之完結，開始了日耳曼人的時代。這是歷史主角的交替，同時也代表了歷史舞台從地中海世界擴展到了西歐世界。在這個層面上，古代的地中海世界與中世紀的西歐世界並不具有連貫性，而是有一個明確的劃分，而這個劃分是由從中央歐亞草原入侵的匈人所引起的。換句話說，創造西歐世界的是草原的遊牧民族。

同樣的事情也發生在東方的中國世界。匈奴於西元三一六年一度中斷了中國皇帝的「正統」。有皇帝才有中國，因此從秦始皇開始的中國，第一階段在五百多年後結束。

❖ 第二階段的中國——鮮卑

中斷中國皇帝「正統」的匈奴，與引起了日耳曼人的大遷徙、結束古代地中海世界的匈人是同一民族的人。另外，取代羅馬人成為西歐世界主角的日耳曼人，相當於中國世界的鮮卑人。鮮卑人一開始平定了五胡十六國之亂，統一華北，之後又統一了南北朝，開啟了第二階段全新的中國。

王沈於西元三世紀中葉所寫的《魏書》現在雖然已經失傳，但陳壽的《三國志》引用了《魏書》有關烏桓（烏丸）與鮮卑族的記述，在註解中可以看到部分內容。根據記載，烏丸和鮮卑都是蒙古高原東方大興安嶺山脈方向的遊牧民族。中國人最先知道的是靠南方的烏丸，這是在西元前一世紀前半的事情。至於靠北方的鮮卑則要到西元一世紀中葉，中國人才知道他們的存在。根據王沈的說法，烏丸與鮮卑的語言和習俗皆相同：

他們擅長騎馬與射箭，為尋求水與草而遊牧，沒有一定的居所，以圓形屋簷的小屋（穹廬，也就是蒙古包）為家，入口一定朝東。平時狩獵鳥獸，吃肉，喝乳酸飲料，以毛皮為衣。尊敬年輕人，輕視老年人。性格暴躁，一氣起來會殺害父兄，但絕不會危害母親，這是因為如果殺害母親，母親娘家的人有可能來尋仇，但肩負為父兄復仇義務的人，除了自己之外別無他人。部族中具有勇氣且強勢、能夠仲裁糾紛的人會被選為「大人」（領袖）。每個部落都有自己的長老，但並非世襲。數百或數千個部落是一個部族。大人下達召集令時，會在木頭上刻紋為證，從一個部落傳到另一個部落。雖然不是文書，但部族中沒有一個人會違背命令。沒有固定的姓氏，以優秀大人的名字為姓。大人之下，每個人都飼養自己的家畜，不會相互徵收勞力。

他們在成親前會先戀愛，男子會將女子奪走，經過半年或百日，透過中間人贈送馬、牛、羊等當作聘禮。丈夫住進妻子的娘家，見到妻子家裡的人，無論長幼尊卑，丈夫都要站起來行禮，對於自己的父母則不用行禮。丈夫在妻子家中過著男卑女尊的生活二年後，妻子的娘家會準備豐厚的嫁妝，將女兒送出門。住家和財產也都由妻子的娘家負責。為此，他們習慣所有的事情都遵從婦人的意見，只有在戰爭的時候，男子可以自行做主。無論是父與子或男與女，坐的時候都是面對面跪坐。每一個人都會剃頭，因為這樣比較輕鬆。婦人在成親的時候會將頭髮留長，分邊綁成髮髻，再戴上帽子，別上黃金或碧玉的飾品。父兄死後會與繼母或兄嫂成親。如果不跟兄嫂成親，那麼便要將自己的兒子給兄嫂當養子，對待兄嫂如同自己妻子的姊妹。然而女子死後，會回到最初的丈夫家。生病的時候會點艾草，或是燒熱石頭讓身體加溫，又或是焚燒地面後躺在上面。他們也會用刀將患部切開放血，向天、地、山、川的諸神祈求幫助。沒有針或藥。他們尊敬戰死者，會將遺體收棺。人剛死時他們雖然會哭泣，但在葬禮上會唱歌跳舞，送死者最後一程。他們會把狗養肥，用各種顏色的繩子套住，另外也會將死者生前騎的馬、穿的衣服或用過的飾品一起燒給死者。祈求狗會護衛死者的靈魂回到赤山。赤山位於遼東（遼寧的遼陽）西北的數千里外，就像中國人認為死者的靈魂會回到泰山（山東的山）一般。葬禮當日夜裡，親戚和友人會齊聚一堂，乘著犬或馬拉的車繞過每一個人的座席，把肉丟給在唱歌或哭泣的人。兩個人念著祝詞，祈求死者的靈魂能夠一路順風，就算路上遇到困難，也能夠不被其他亡靈影響，平安到達赤山。他們信仰天上諸神，祭拜天、地、日、月、星、山、川。另外，就算是以前的大人，或有名望的人，同樣也是以牛、羊祭拜，祭拜完後會燒給死者。飲食前一定會奉上稻穗。

違背大人命令者會被判死罪，一再竊盜者也會被判死罪。對於殺人者，部落的人可以用自己的方式復仇。如果復仇又引起復仇，事情鬧到不可收拾的地步，那麼就請大人仲裁。被裁定有罪的一方，要拿出自己的牛、羊等來贖死罪，停止復仇。殺害自己的父兄者無罪。對於大人發出逮捕令的逃亡者，沒有任何一個部落會接納他，會被流放到一個名為「雍狂」的地方。該地沒有山，只有沙漠、流動的水和草木，還有許多蛇。「雍狂」位於丁令的西南方、烏孫的東北方（杭愛山脈與阿爾泰山脈間的盆地）。被流放者就在這裡受盡折磨。[2]

王沈所描寫的烏丸和鮮卑屬於同一民族的遊牧民族。至於烏丸與鮮卑的區別，居住地離中國近，且先與東漢結盟的是烏丸，而居住地離中國遠，且之後才與東漢結盟的則是鮮卑。烏丸在部族沒有統一的情況下，就向內蒙古東部擴散，進到中國北邊，成為了東漢的傭兵。西元二〇七年，曹操征服烏丸，將他們全數遷徙到了中國內地，直屬自己的政權之下。之後，烏丸騎兵成為了中國最強的精銳部隊。

鮮卑的部族也沒有統一。西元一世紀末北匈奴向西方逃亡，外蒙古空虛，鮮卑趁機佔領內蒙古，發展勢力。到了西元二世紀中葉，出現了名為檀石槐的英雄。

一位名為投鹿侯的鮮卑人，為了與匈奴間的戰爭，從軍三年。回到家中後，妻子生下了一名男嬰。投鹿侯覺得事有蹊蹺，正準備殺了男嬰時，妻子卻說：「某日白天，我突然聽到了雷鳴聲，抬頭看的時候，不小心吞進了一口冰雹。不久之後我就懷孕，懷胎十月後生下了他。這個孩子一定是不凡的人，還是將他扶養長大吧。」投鹿侯當然不相信，於是拋棄了男嬰。妻子拜託娘家把孩子撿回來扶養。這名男嬰就是檀石槐，長大之後擁有過人的勇

2〔編註〕《三國志・魏書》曰：「烏丸者，東胡也。漢初，匈奴冒頓滅其國，餘類保烏丸山，因以為號焉。俗善騎射，隨水草放牧，居無常處，以穹廬為宅，皆東向。日弋獵禽獸，食肉飲酪，以毛毳為衣。貴少賤老，其性悍驁，怒則殺父兄，而終不害其母，以母有族類，父兄以己為種，無復報者故也。常推募勇健能理決鬥訟相侵犯者為大人，邑落各有小帥，不世繼也。數百千落自為一部，大人有所召呼，刻木為信，邑落傳行，無文字，而部　莫敢違犯。氏姓無常，以大人健者名字為姓。大人已下，各自畜牧治產，不相徭役。其嫁娶皆先私通，略將女去，或半歲百日，然後遣媒人送馬牛羊以為聘娶之禮。婿隨妻歸，見妻家無尊卑，旦起皆拜，而不自拜其父母。為妻家僕役二年，妻家乃厚遣送女，居處財物，一出妻家。故其俗從婦人計，至戰鬥時，乃自決之。父子男女，相對蹲踞，悉髡頭以為輕便。婦人至嫁時乃養髮，分為髻，著句決，飾以金碧，猶中國有冠步搖也。父兄死，妻後母執嫂；若無執嫂者，則己子以親之次妻伯叔焉，死則歸其故夫。俗識鳥獸孕乳，時以四節，耕種常用布穀鳴為候。地宜青穄、東牆，東牆似蓬草，實如葵子，至十月熟。能作白酒，而不知作麴糱。米常仰中國。大人能作弓矢鞍勒，鍛金鐵為兵器，能刺韋作文繡，織縷氈毼。有病，知以艾灸，或燒石自熨，燒地臥上，或隨痛病處，以刀決脈出血，及祝天地山川之神，無針藥。貴兵死，斂屍有棺，始死則哭，葬則歌舞相送。肥養犬，以采繩嬰牽，並取亡者所乘馬、衣物、生時服飾，皆燒以送之。特屬累犬，使護死者神靈歸乎赤山。赤山在遼東西北數千里，如中國人以死之魂神歸泰山也。至葬日，夜聚親舊員坐，牽犬馬歷位，或歌哭者，擲肉與之。使二人口頌咒文，使死者魂神徑至，歷險阻，勿令橫鬼遮護，達其赤山，然後殺犬馬衣物燒之。敬鬼神，祠天地日月星辰山川，及先大人有健名者，亦同祠以牛羊，祠畢皆燒之。飲食必先祭。其約法，違大人言死，盜不止死。其相殘殺，令都落自相報，相報不止，詣大人平之，有罪者出其牛羊以贖死命，乃止。自殺其父兄無罪。其亡叛為大人所捕者，諸邑落不肯受，皆逐使至雍狂地。」

氣、力量與才智。十四、五歲的時候，別的部族的大人突然來襲，奪走了牛和羊。檀石槐單槍匹馬追擊敵人，奪回了家畜。從此之後，部族的所有人都對他心服口服，沒有人不跟隨他的領導。被選為大人的檀石槐，受到鮮卑其他部族大人們的支持，統治的地方東自滿洲，西至阿爾泰山。他將統治區分為東、中、西部三區，各設總督的大人。檀石槐在西元一八一年四十五歲時死去，在他之後，鮮卑族的大人地位變成了世襲。至此為止變動性強的鮮卑，改為採取永續的型態。另一方面，烏丸被鮮卑吸收、同化，在西元三〇四年開始的五胡十六國之亂中，只看到鮮卑的蹤影。

在五胡十六國之亂中，包括匈奴在內的五個遊牧民族在華北地區建立勢力，其中之一便是鮮卑。在鮮卑建立的國家之中，最有力的是慕容部族的燕國，統治遼寧、北京、河北一帶。西元三九五年，燕國敗給同是鮮卑族的北魏，從此一蹶不振。北魏是鮮卑族中的拓跋部族，在山西高原北部的大同盆地建國，君主拓跋珪於西元三九八年採用了皇帝的稱號，而他的孫子拓跋燾於西元四三九年統一了其他遊牧民族所建立的國家。

西元四九四年，北魏的孝文帝將首都從大同遷到河南的洛陽，在首都廢除了以民族劃分的居住區，改以與民族無關的官位來劃分居住區。另外，在朝廷禁止使用遊牧民族的語言，立漢語為共通的公用語。這些政策的主要目的在於完全統合說著不同語言的遊牧民族各部族。選擇漢語為共同語言是因為無論哪一個部族的人都不懂漢語，因此不會有不公平的現象。另外，在當時的東亞，文字只有漢字，除了使用漢字外別無他法，語彙豐富的漢語使用起來也比較方便。

然而，這些政策引起了留在內蒙古的遊牧民族強烈的不滿。終於在西元五二三年，在內蒙古六鎮的軍事基地發生了大規模的叛亂。五年後，六鎮派的人將洛陽派的人全數丟進黃河殺死。再過了六年，北魏東西分裂。宇文泰出身六鎮派，是西魏權力的佼佼者，他將手下的遊牧民族和漢人整合，編制了部族組織，賜給所有人鮮卑的姓氏，重建了三十六部族與九十九氏族。

宇文泰死後，他的兒子宇文覺廢掉了西魏的皇帝，自行稱帝，建立了北周。另一方面，東魏也被篡位，成為了北齊。西元五七七年，北齊被北周合併，北周統一了華北地區。四年後，北周被楊堅（隋文帝）篡奪。西元五八九年，隋文帝合併了江南的陳朝。在此，南北朝的對立終於結束，中國再度統一。新的中國就此誕生。

隋文帝使用「楊」這個漢人的姓氏，但楊氏的初代是在鮮卑慕容部族的燕國為臣的北京司令官（北平太守），其實是鮮卑人。他的子孫世世代代住在內蒙古北魏六鎮之一的武川鎮，隋文帝的父親楊忠被西魏的宇文泰賜予「普六茹」這個鮮卑姓氏。

❖ 中文的變質

從後漢滅亡到隋朝再度統一中國的四百年間，在中國使用的語言有了顯著的變化。中國沒有表音文字。漢字屬於表意文字，無論口頭上的發音如何，文字都不受影響。因此，無論在哪一個時代都沒有全國共通的語言，中文這個概念直到西元二十世紀為止都不成立。無論哪一個漢字，與其代表的意思無關，一個發音只有一個字。也就是所謂的字音。這個字音在中國過去城市國家的時代根據學派不同，發音也不同。秦始皇首度統一了字音的念法，確立了一字一音。漢朝也繼承了這種作法。等到西元二世紀，儒教成為國教的東漢時代，洛陽的太學共有二百四十棟、一千八百五十室、學生三萬人，可說是盛況空前。在那裡，講讀古代經典的時候，使用的是秦始皇統一的字音。

然而，在西元一八四年的黃巾之亂後，東漢垮台，儒教失去了權威，學者四散各處。如此一來，至今為止由先生口頭傳給弟子的字音，面臨了能否保存下來的危機。因此，開始有人將與字音相似的漢字整理分類，試著寫出被稱為「韻書」的發音辭典。隋文帝統一中國後的西元六〇一年，一位名為陸法言的鮮卑人，集合各種「韻書」，撰寫了《切韻》五卷。從中可以看到，後漢時代字音中R的語首不見了，變成了L。這是因為中央歐亞人使用的阿爾泰語系（突厥語、蒙古語、滿洲—通古斯語）中沒有R開頭的發音。另外，東漢時代KR、PR等雙重子音也在《切韻》中消失，這也是因為阿爾泰語系沒有以雙重子音開頭的發音。也就是說，就算只看字音，隋朝時代的新中國人並非秦、漢時代中國人的子孫，而是從北方入侵、定居中國的遊牧民族的子孫。

就像這樣，從中央歐亞草原入侵的遊牧民族，開啟了新中國世界和新西歐世界。兩者皆傳承了舊有世界的文明，擁有獨自的歷史傳統。在這兩個世界交會，並創造出單一世界史之前，還需要經過另一個階段。

第五章

遊牧帝國的成長——從突厥到契丹

❖ 阿瓦爾人的出現

鮮卑的北魏統治華北的西元五世紀中期，在黑海北方的草原上，阿提拉被殺，匈人的勢力減弱，又引起了遊牧民族從東方大舉遷徙而來。根據希臘人普利斯庫斯（Priskus）針對西元四六三年左右的記述，阿爾瓦人被「獅鷲獸追逐逃亡」，趕走了可薩人，而可薩人又趕走了歐古人、歐諾古爾人、沙拉古爾人，他們被迫逃往北高加索以及黑海北岸。

阿瓦爾人是烏丸族人，而可薩人是鮮卑族人。烏丸和鮮卑早在西元三世紀時就已經擴展到蒙古高原西端。將他們趕出蒙古高原，迫使他們往西方的準噶爾盆地和哈薩克斯坦遷徙的「獅鷲獸」，其實是名為柔然（又稱蠕蠕）的遊牧民族。

柔然最初是鮮卑的一個部族，但在西元四世紀出現了一位名為社崙的領袖，在他的領導之下柔然在外蒙古獨立，以千人為一軍、百人為一幢（軍旗），各個階層指派不同的指揮官。打頭陣者可獲得戰俘和戰利品，臨陣脫逃者則當場被石頭或鞭子打死。柔然沒有文字，指揮官計算兵士的數量時會用羊屎為記號，之後再在木頭上刻痕留下紀錄。統治的範圍東起大興安嶺遠方的滿洲，西至越過阿爾泰山脈的準噶爾盆地。

社崙採用了「可汗」這個新的王號，之後被中央歐亞的遊牧民族廣為使用。蒙古的「汗」就是從「可汗」而來。

柔然到了西元六世紀中葉，被新興的突厥所滅，於西元五五二年建立了突厥人的遊牧帝國。此時華北的鮮卑分裂成東魏與西魏，之後大約八十年間，突厥汗國與中國的東魏、西魏對立，之後又與北齊、北周對立，再經歷隋末唐初的內亂時期，成長為在與中國的對立關係中一直處於優勢的強國。

另一方面，隋朝在統一中國之後不到三十年的西元六一八年滅亡，山西太原留守李淵（唐高祖）建立了唐朝，李淵的兒子李世民（唐太宗）再度統一了中國。

唐朝帝室的始祖傳說是李初古拔。他是河南西部北魏軍的司令官（弘農太守），在西元四五〇年的戰爭中曾被南朝的宋軍俘虜。李初古拔的兒子李買得是北魏皇族永昌王的副官（長史），是鮮卑屬一屬二的勇士，但在西元四五〇年的這場戰役中戰死。無論是李初古拔還是李買得，姓氏雖然像是漢人的姓，但名字是鮮卑語，所以他們是鮮卑人。李氏據說住在河北南部的隆堯縣，李買得和他兒子的墓都在這裡。西魏的宇文泰賜給了李買得的孫子李虎「大野」這個鮮卑族的姓氏。李虎的兒子李昞，他的妻子是鮮卑族的獨孤氏，是高祖李淵的母親。高祖自己的皇后也同是鮮卑族的竇氏，是太宗李世民的母親。太宗的皇后同樣也是鮮卑人的長孫氏，是高宗的母親。

從這裡可以清楚看出，唐朝的帝室不是漢人而是鮮卑人，是宇文泰在西魏重建的遊牧民族部族組織中的一個部族。這個部族組織從西魏、北周到隋都是政權的核心，統治唐朝的貴族階級也都出身於這個部族組織。

❖ 突厥人的出現

至此為止，匈奴以來的遊牧帝國全部都興起於東方，逐漸向西方發展。然而，於西元五五二年在蒙古高原建國的突厥人卻不同，他們是從西方進入到蒙古高原的遊牧民族。中國歷史書上（西元六三六年的《周書》、《隋書》）有關突厥人祖先的傳說有幾種不同的說法，其中一種說法如下：

突厥人的祖先原本住在西海之右，但被鄰國所滅。無論男女老幼全被趕盡殺絕，只剩下一個男孩存活了下來。敵軍不忍殺害這個孩子，將其雙手雙腳砍斷後丟棄在草原之中。有一匹母狼總是叼肉來給男孩吃，男孩才得以生存。之後，男孩與母狼交配，母狼因此懷孕。過去的鄰國再度派人來殺男孩，由於狼在男孩的身旁，於是使者試圖連狼一起殺掉。但狼有如神明附體般，一瞬間逃到了東海的山上。這座山位在高昌國的西北方（天山山脈），山下有一洞穴。狼逃進洞穴後發現一片茂密的草原，面積廣達數百餘里。之後，狼產下了十名男嬰，十名男嬰各有一姓，其中一人的姓氏為阿史那，由於他最聰明，所以當上了君主。突厥人會在陣營的門前豎起狼頭圖騰的軍旗，就是為了要紀念祖先。之後有一位名為阿賢設的領袖，率領部族從洞穴而出，之後世世代代成為柔然的臣子。[1]

祖先是狼所生的這個傳說是突厥人固有的傳承，但被敵人趕盡殺絕只剩一人，以及從洞穴而出走向世界的傳說，不僅是在突厥人中，而是在北亞都十分典型的傳說。另外，狼產下十名男嬰，代表了建國當初的突厥人是十個部族的聯合。

向柔然稱臣時代的突厥人住在金山（阿爾泰山脈），從事煉鐵業。根據中國史書記載，金山的形狀與頭盔「兜鍪」相似，而他們稱兜鍪為「突厥」，因此自稱「突厥」。然而事實上，漢語的「突厥」與日語的「土耳其」，原形皆是突厥語的「türk」，與突厥語的兜鍪「tulga」，和蒙古語的兜鍪「Ayγara」相異。唯一的解釋是中國人因為兩者音近，所以才把「兜鍪」與「突厥」聯想在一起。但無論如何，可以確定的是，突厥人的故鄉位於阿爾泰山脈與天山山脈間的準噶爾盆地。

突厥阿史那氏族的首領土門於西元五五一年與宇文泰結盟，與西魏的公主結婚。隔年，突厥打敗柔然，逼柔然可汗自盡。土門稱號伊利可汗，建立了突厥汗國。突厥汗國第三代的木杆可汗於西元五五五年滅了柔然，將根據地移到了蒙古高原。伊利可汗的弟弟室點密（又稱瑟帝米）經過中央歐亞草原之道，將突厥人的勢力向西推展，征服中央歐亞，直到伏爾加河為止。突厥人的西進迫使於西元四三六年被柔然趕出蒙古高原的阿瓦爾（烏丸）人離開哈薩克斯坦草原，進入了地中海世界。

阿瓦爾人在西元五五七年的冬天現身於地中海世界。與此同時，華北宇文覺廢掉西魏的皇帝，自行稱帝，建立北周。當時，阿瓦爾人從東方的哈薩克斯坦草原渡伏爾加河，進入北高加索奄蔡人的土地，東羅馬帝國皇帝查士丁尼還派遣使者前來與阿瓦爾人結盟。雙方約定以每年定額的金錢為交換，阿瓦爾人必須替羅馬帝國討伐威脅帝國邊境的遊牧民族。到了西元五六二年，阿爾瓦人的伯顏可汗現身多瑙河下游，讓當地的斯拉夫人俯首稱臣，並擊敗多瑙河中游的格皮德人，又迫使多瑙河上游的倫巴底人向義大利遷徙後又加以合併，征服的領土範圍東從頓河開始，西至易北河和亞得里亞海。

西元六二六年，伯顏可汗的兒子動員了包括阿瓦爾人、斯拉夫人、格皮

1〔編註〕《周書》：「突厥者，蓋匈奴之別種，姓阿史那氏。別為部落。後為鄰國所破，盡滅其族。有一兒，年且十歲，兵人見其小，不忍殺之，乃刖其足，棄草澤中。有牝狼以肉飼之，及長，與狼合，遂有孕焉。彼王聞此兒尚在，重遣殺之。使者見狼在側，並欲殺狼。狼遂逃于高昌國之北山。山有洞穴，穴內有平壤茂草，周回數百里，四面俱山。狼匿其中，遂生十男。十男長大，外託妻孕，其後各有一姓，阿史那　一也。子孫蕃育，漸至數百家。經數世，相與出穴，臣於茹茹。」

德人、倫巴底人在內的大軍，與波斯薩珊帝國結盟，進攻東羅馬的首都拜占庭。但他們在這場戰役中敗戰，阿瓦爾人的勢力也自此開始衰弱，最後於西元七九六年，奉法蘭克王國查理大帝之命的丕平粉碎了阿瓦爾人。然而，一部分的阿瓦爾人在多瑙河中游東方的草原存活了下來，在西元九世紀末匈牙利人遷徙而來的時候，依舊住在同一地區。

❖ 斯拉夫人的出現

阿瓦爾人之後興起的是斯拉夫人。斯拉夫人原本是住在烏克蘭聶斯特河上游的民族。匈人在西元五世紀中葉滅亡之後，斯拉夫人開始向四方擴散，一部分人南下住進了多瑙河下游流域。之後，阿瓦爾人入侵，征服了斯拉夫人。斯拉夫人跟隨阿瓦爾人進攻拜占庭，一部分人渡多瑙河南下巴爾幹半島，另一部分人則乘著圓木舟渡愛琴海，入侵克里特島。經過猛烈的攻擊，到了西元七世紀半，希臘全境幾乎都成了斯拉夫人的居住地，會說希臘語的只剩下拜占庭附近地區的居民。

另外，斯拉夫人在東北奪取了波羅的人（拉脫維亞人與立陶宛人的祖先）的居住地，西元六世紀又入侵了伏爾加河上游芬蘭人的土地。這些是東斯拉夫人，是之後俄羅斯人的祖先。至於在西方的斯拉夫人，在征服了阿瓦爾人之後，進到了日耳曼人遷出後屬於無人狀態的中歐地區，到達了易北河。一部分人渡易北河，留下了萊比錫這個斯拉夫語的地名。

與阿瓦爾人、斯拉夫人一同進攻拜占庭的保加爾人是北高加索草原的遊牧民族。其中一派的保加爾人在西元六七九年阿瓦爾人勢力衰微之後，在阿斯巴魯赫汗的帶領之下，佔領多瑙河下游流域，征服了原本住在這裡的阿瓦爾人，這就是保加利亞建國的開始。現在的保加利亞語是斯拉夫語，這是因為保加爾人使用了原住民的語言。另一派的保加爾人從北高加索沿著伏爾加河北上，於伏爾加河中游建國。這一派的保加爾人使用的是突厥語。伏爾加河在突厥語中稱阿的爾河，現在伏爾加河的名稱是俄羅斯語，因為這裡曾經是保加爾人的國家而得此名。

就像這樣，突厥汗國的發展在西方引起了阿瓦爾人的遷徙，影響了地中海世界和西歐世界。至於在東方，突厥汗國與中國的關係也留下了深遠

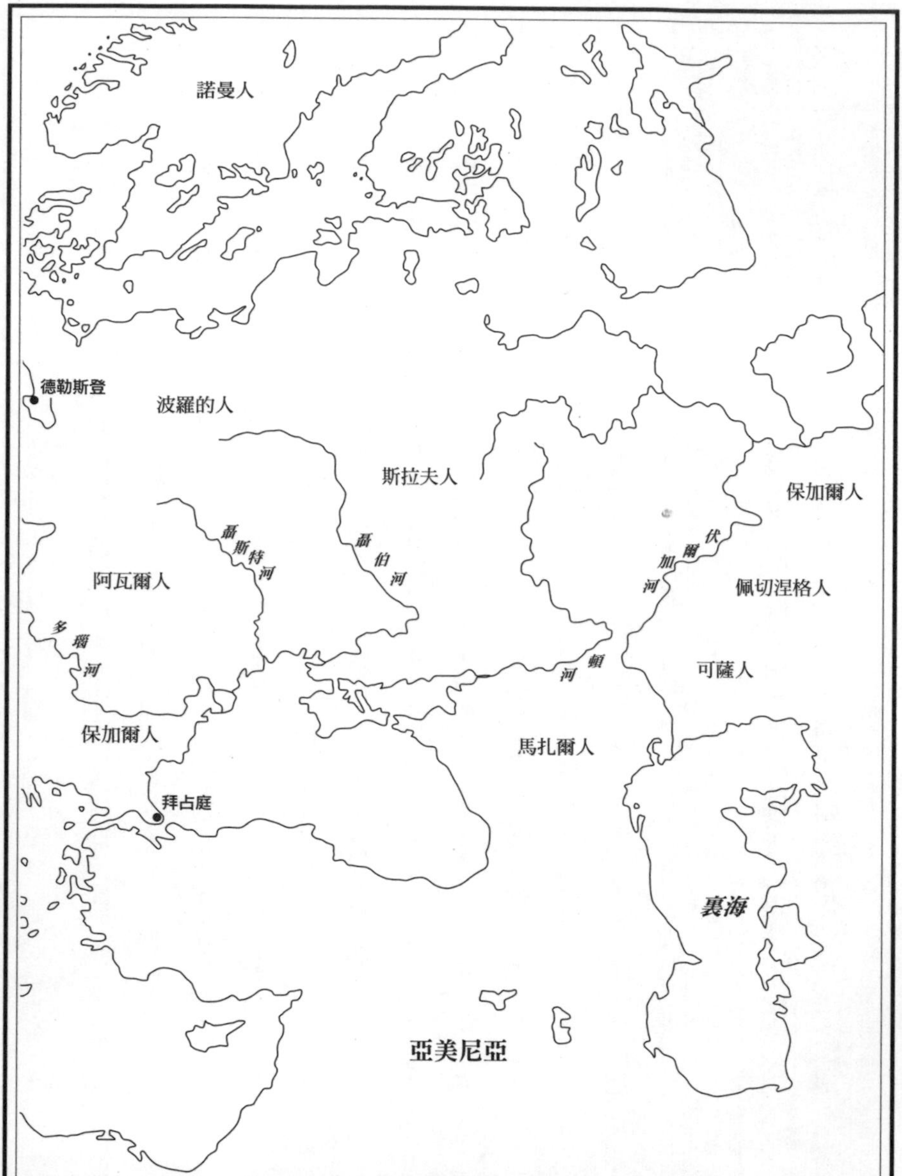
諾曼人
德勒斯登
波羅的人
斯拉夫人
保加爾人
聶斯特河
聶伯河
伏爾加河
阿瓦爾人
佩切涅格人
多瑙河
頓河
可薩人
保加爾人
馬扎爾人
拜占庭
裏海
亞美尼亞

中世紀的歐洲中部
蘇格蘭人
盎格魯撒克遜
王國
不列顛人
撒克遜人
易北河
巴黎
萊茵河
法蘭克王國
萊比錫
後伍麥亞王朝
羅馬
倫巴底王國
東羅馬帝國

的影響。

與突厥汗國建國同一時期，華北東西方有兩個鮮卑政權正在相互對立鬥爭。木杆可汗最初與西魏結盟，在宇文覺奪取西魏建立北周後，又與北周結盟，北周第三代的武帝還娶了木杆可汗的女兒為后。在北周與北齊的戰爭中，突厥一直與北周並肩作戰。面對強大的突厥，弱小的北周為了維持雙方結盟的關係，除了每年贈予十萬緞的絹、錦來討突厥的歡心外，別無他法。另一方面，北齊也為了與北周抗衡，想盡辦法收買突厥。據說突厥汗國第四代的佗缽可汗曾自豪地說過：「只要我在南方的兩個兒子善盡孝義，物資無虞。」「兩個兒子」指的就是北周與北齊的皇帝。

突厥汗國的沙缽略可汗與北周的千金公主結婚。之後，北周被楊堅所奪，楊堅建立了隋朝。千金公主為了復仇，慫恿沙缽略可汗與隋朝開戰。然而，當時因突厥汗國內部發生了東西分裂而作罷。

突厥人統治了廣大的領土，東從滿洲的遼河開始，西至伏爾加河。這麼龐大的遊牧帝國，至今前所未有。然而，由於領土過於遼闊，且帝國是在很短的時間內竄起，所以統治的力量薄弱，逐漸出現了東西分裂的傾向。東突厥主掌的是以阿爾泰山脈為境的蒙古高原，而西突厥則主掌準噶爾盆地與哈薩克斯坦草原。這時又發生了可汗王位繼承之爭，西元五八三年，西突厥的達頭可汗與東突厥的沙鉢略可汗開戰。被逼到絕境的沙鉢略可汗與隋朝和解，將根據地移到了內蒙古，東突厥和隋朝成為了同盟國。西元五八九年，隋滅陳朝完成統一，強弱關係對調，東突厥變成了在隋朝保護之下的國家。

西元六一七年，中國陷入內亂，各地群雄蜂起。隔年，隋煬帝被身邊的人所殺。中國群雄紛紛發誓效忠東突厥的始畢可汗，接受可汗的分封。在山西太原舉兵的唐高祖便是其中一人，他派遣使者向始畢可汗稱臣，接受了東突厥的援兵。

高祖之後的唐太宗於西元六二八年恢復了中國的統一，之後立刻推翻了與東突厥的臣屬關係。西元六三〇年，唐朝滅了東突厥，俘虜了東突厥最後一位可汗，這是突厥汗國的滅亡。接著，唐高宗的軍隊於西元六五七年在哈薩克斯坦的楚河擊敗西突厥的可汗。落荒而逃的可汗在隔年被塔什干人俘虜，交到了唐朝的手裡。就像這樣，遊牧帝國的可汗與鮮卑的中國皇帝，兩者相互較勁的結果，最後是由鮮卑獲得了勝利。

東突厥滅亡之後，唐高宗被遊牧民族的君主們選為共同的「天可汗」。從此以後，唐高宗在寫信給中央歐亞的君主們時，使用的都是「天可汗」的稱號。這件事代表了唐朝的天子對中國世界而言是中國皇帝，對中央歐亞世界而言則是遊牧帝國的可汗，身兼二職，而這兩個世界有了共同的君主。然而，這個空前的狀態只維持了不到半世紀的時間。

❖ 突厥文字

西元六八二年，內蒙古的突厥人阿史那骨咄祿從唐朝獨立，自稱頡跌利施可汗，在蒙古高原建立了後突厥汗國。這個遊牧帝國維持了六十三年，且對中央歐亞的歷史而言有一重大意義，那就是遊牧民族首度擁有了表現自己語言的書寫文字。

在此之前的突厥汗國據說使用的是粟特語，他們也留下了用粟特語銘刻的碑文。粟特是以現在烏茲別克的撒馬爾罕為中心的地區，這個地方以前的住民使用的是波斯語。粟特人從以前開始就會到蒙古高原或中國做生意，他們用的文字是粟特文字。這種文字屬於字母系統的一種，原本是從普及於波斯阿契美尼德王朝的亞蘭字母而來。

然而，後突厥汗國所留下的碑文使用的是改良自粟特文字的字母，首度寫下了突厥語的文章。從此，中央歐亞的遊牧民族首度將自己的語言以文字的方式書寫，突厥語也成了汗國的公用語言。

不過，後突厥汗國的突厥語並不是純粹的突厥語。「馬」在突厥的任何一個方言中都被稱作「At」，然而後突厥汗國的碑文卻寫作「yunt」。這應該是西伯利亞芬蘭與烏拉爾語族的薩摩耶德語。也就是說這不是出自突厥人故鄉準噶爾盆地，而是從更北方的西伯利亞森林地帶而來的語言。無論如何，後突厥汗國有了自己的文字之後，突厥語在中央歐亞地區得到發展，許多民族的人都開始使用突厥語。

❖ 西藏文字

在中國世界與北方遊牧帝國關係逐漸變得密切的西元七世紀初，在西藏也出現了帝國。西元四世紀末，當華北正發生五胡十六國之亂時，西藏高原的西部出現了首代的君王。大約經過一百五十年，贊普松贊干布在唐朝滅東突厥的西元六三〇年左右，統一了西藏高原，建立了吐蕃王國。西元六四〇年，他迎娶了唐朝的文成公主，成為了與唐朝並駕齊驅的帝國。

根據流傳後世的西藏傳說，贊普松贊干布派遣大臣圖彌三菩扎前往印度學習文字。圖彌三菩扎改良印度的文字，創造了西藏的文字。實際上，西元六三五年之後，西藏每一年都留下文字紀錄，證明了贊普松贊干布的政績以及西藏人用西藏文書寫西藏語的事實。

吐蕃王國與唐朝、後突厥汗國三強鼎立，在中亞地區不斷上演爭奪戰。到了西元七四四年，在蒙古高原上，回鶻人的骨力裴羅獨立，稱號骨咄祿毗伽闕可汗，隔年殺了突厥最後的可汗，建立了回鶻汗國。

這時在中亞地區，自西元七一〇年代起，伊斯蘭教徒的阿拉伯人已經逐漸進入中亞。西元七五一年，在今吉爾吉斯斯坦的怛羅斯河（今塔拉斯）河畔，阿拔斯王朝的阿拉伯帝國將軍阿布．穆斯林擊敗了由高句麗人將軍高仙芝所率領的唐軍。接著在西元七五五年，中國發生安史之亂，迫使唐朝從圍繞中亞的國際競爭中退出。

❖ 回鶻人的祖先

建立回鶻汗國的回鶻人採用突厥語為公用語。然而，回鶻人與從西方準噶爾盆地而來的突厥人不同，他們最初是蒙古高原上的遊牧民族，擁有自己的語言。

關於回鶻人祖先的傳說，在西元十三至十四世紀的中國和波斯古籍內都有紀錄。根據記載，外蒙古的土拉河和色楞格河間有兩棵樹。受到陽光的照射之後，其中一棵樹的樹根隆起，就好像孕婦的肚子一樣，終於在十個月之後，樹根裂開，從中生出了五名男嬰。五兄弟中最小的卜古可汗就是回鶻王家的始祖。

這個傳說與突厥的傳說不盡相同，他們的祖先與狼無關，而是從懷孕的樹中出生。從這個傳說當中可以推測回鶻人原本起源自森林地帶。在現代西伯利亞境內布里亞特蒙古人薩滿（巫師）家中，正中央會有一棵「母樹」，從煙囪延展出去。附近還有一棵「父樹」，用繩子與母樹相連。他們相信，天神的靈魂將藉由這棵樹傳給薩滿。「巫」的突厥語稱「卜古」，蒙古語稱「卜」，是回鶻人祖先的名字。從這個傳說可以推測，回鶻人原本是西伯利亞森林的住民，南下之後進入了蒙古高原的草原。就像這樣，森林的狩獵民族來到草原成為遊牧民族的戲碼，不斷在中央歐亞地區上演，蒙古人也是其中之一。

西元七四四年建國的回鶻汗國介入安史之亂，支持唐朝皇帝換得人情，取得了強勢的地位。

引起這場安史之亂的安祿山，他的父親是粟特人，母親是突厥人。安祿山獲得唐玄宗的信賴，兼任河東（山西）、范陽（河北）、平盧（遼寧）的節度史，終於從唐朝獨立，在北京自稱大燕皇帝。安祿山死後，史思明殺了安祿山的兒子取而代之。史思明的父親是突厥人，母親是粟特人。另外，這兩人手下的將兵大部分也都並非漢人。西元七六三年，史思明的兒子史朝義被殺，安史之亂宣告平定。然而，之後這些非漢人的軍人們成為了地方軍閥，佔據華北，無視於唐朝皇帝的統治，唐朝的全國統一只是有名無實，在國際上的地位也變得十分低微。因此，從安史之亂開始的大約一百五十年，直到西元十世紀初為止，實際操控中國政治的是出身中央歐亞地區的人們。

至於蒙古高原上的回鶻汗國持續了將近百年的繁榮，於西元八四〇年被從西北入侵的黠戛斯人推翻，回鶻人四散各處。當中有些人逃往內蒙古，有些人逃往甘肅，還有些人逃往天山山脈。逃到天山山脈避難的回鶻人在天山北麓、今烏魯木齊東方的庭州，建立了新的家，統治塔里木盆地的綠洲城市。正因如此，回鶻人帶進來的突厥語取代了這些綠洲城市原本使用的吐火羅語。塔里木盆地又稱東突厥斯坦（突厥人的國家）也是這個原因。

黠戛斯人使用的是突厥語，原本住在西伯利亞葉尼塞河與鄂畢河之間。現在的吉爾吉斯斯坦位於哈薩克斯坦南部，天山山脈西部。黠戛斯人是在西元十三世紀的蒙古帝國時代，在蒙古裔哈薩克人的帶領之下，從西伯利亞南下遷徙到了天山。

西元九世紀打倒回鶻汗國的黠戛斯可汗，將根據地設在薩彥嶺南方的葉尼塞河上游地區，相當於現在圖瓦共和國的土地。然而，黠戛斯人統治蒙古高原的時間很短，不久之後，來自蒙古高原東北部遊牧民族的韃靼人就將黠戛斯人趕出了蒙古高原，成為了高原的新主人。這些韃靼人有些是後來的蒙古人。

回鶻汗國滅亡後二年，也就是西元八四二年，西藏吐蕃王國年僅十歲的贊普達瑪烏東贊（即朗達瑪）被宰相一黨所殺，為了爭奪王位，吐蕃王國分崩離析，中央政府已不存在。西藏自此開始大約一百五十年間，進入了沒有紀錄的黑暗時代。

❖ 中國的突厥人

回鶻汗國與吐蕃王國滅亡後不久，中國在西元八七五年發生了黃巢之亂。黃巢是山東的漢人，西元八八〇年接連攻下洛陽和長安（西安），給唐朝以巨大的打擊，他自稱大齊皇帝。然而，黃巢身邊的漢人將軍朱全忠轉而投效唐朝，再加上受到突厥人將軍李克用的反擊，黃巢於西元八八四年戰敗身亡。

李克用是在內蒙古遊牧的突厥沙陀部族的人。李克用的父親獲唐朝封為代北（大同）的節度史。李克用本身因為在西元八八三年從黃巢手裡奪回長安有功，受封太原。此後在華北地區，佔據山西高原的沙陀突厥軍閥和以河南平原為根據地的朱全忠軍閥相互對立，爭鬥不斷。終於在西元九〇七年，朱全忠廢掉了唐朝最後的皇帝，自行稱帝，將首都設在河南的開封，這就是後梁。

這是被稱作「五代」時代的開始。雖然鮮卑人的唐朝滅亡，華北在睽違六百年後出現了漢人的王朝，但並不表示中國世界的主導權回到了漢人手上。在僅僅十六年後的西元九二三年，李克用的兒子李存勗攻陷開封，滅後梁稱帝，在洛陽建立了後唐。這使得華北全境落入了突厥人之手。

❖ 契丹帝國

同一時期，契丹人已經開始從東方進入蒙古高原。契丹人是大興安嶺山脈東斜面的遊牧民族，他們的名字從西元四世紀的五胡十六國時代開始出現在紀錄之中。根據西元十世紀契丹人的口耳相傳，以前有一個乘著白馬的神人沿著老哈河（遼河上游）而下，與乘著青牛順西拉木倫河而下的天女在木葉山交會，結成了夫妻。他們是契丹人的始祖，生下了八個兒子，成為了各部族的祖先，這就是契丹八部族的起源。

木葉山位於現在遼寧省與吉林省的交界處。這一帶在隋煬帝和唐太宗時期是皇軍進攻高句麗王國的必經之路。皇軍的基地設在現在的北京，從北京經過契丹人的住處，前往遼河遠方的高句麗。由於北京位於滿洲與華北的接點，於高句麗戰爭之後，逐漸發展成為戰略上的重要城市。到了唐朝，北京成了防衛中國東北邊境的中心，安祿山便是以此為根據引發了安史之亂。這裡的唐朝軍隊混雜了像安祿山、史思明這樣的粟特人、突厥人，當中也有許多契丹人。

契丹人部族聯盟的政治組織以選舉的方式選出君王，一任為期三年，八部族的首領輪流當王。然而，耶律阿保機（遼太祖）利用在自己保護之下的漢人移民的經濟實力累積軍事力，整合了所有部族，成為了終身的君王。西元九一六年，阿保機自稱皇帝，建立了契丹帝國。契丹帝國使用的國號為「遼」，這是取自部族故鄉土地上的遼河。契丹人使用兩種文字來書寫自己的語言。其一是改良漢字的「大字」，屬於表意文字。另一種則是獨特的「小字」，屬於表音文字。兩者至今都尚未能解讀。

契丹人建立契丹帝國的時候，西方的內蒙古和南方的華北都在沙陀突厥人的手裡。為此，阿保機避開這兩個地方，轉而瞄準西北方韃靼人的居住地。西元九二四年，阿保機親自率軍進到了鄂爾渾河畔過去回鶻人的卜古罕城廢墟，從南跨越戈壁沙漠，攻擊了回鶻人位於甘州（今甘肅省張掖市）的國家。兩年後，阿保機遠征並滅了滿洲東部的渤海王國，在回國的途中死亡。繼承阿保機帝位的是次子德光（遼太宗）。太宗繼承父親的政策，繼續入侵外蒙古。西元九二八年，征服了肯特山脈以東的韃靼人，在這裡駐紮了契丹人的軍隊。契丹人稱這個地方的韃靼人為「烏古」。

這段期間在中國後唐內部，太原的沙陀突厥人與洛陽的朝廷間相互對立。西元九三六年，太原的突厥人石敬瑭宣布獨立，並與契丹結盟。遼太宗親自率領契丹軍援助石敬瑭。因為有了契丹軍的援助，石敬瑭得以攻陷洛陽，滅掉了後唐，自行稱帝，建立了後晉。遼太宗要求後晉割讓從山西北部到河北北部的土地（燕雲十六州）當作謝禮，並約定後晉每年必須贈送三十萬匹的絲綢。

西元九三八年燕雲十六州的割讓，使得契丹人得到了中國入口的北京和內蒙古地區。這個事件明顯表示出從突厥汗國、回鶻汗國以來，北亞帝國與中國間的競爭終究以北方帝國處於優勢，而中國處於劣勢的方式收場。從此之後，北方帝國的優勢日益漸長，最後蒙古帝國終於吞沒了整個中國。

當上後晉皇帝的石敬瑭將朝廷從洛陽移到了開封，結果造成了開封的朝廷與太原沙陀突厥人間的對立。遼太宗趁機於西元九四六年親自率領契丹軍遠征開封，滅了後晉。之後，太原突厥人的劉知遠當上了皇帝，在開封建立了後漢。然而，後漢僅維持了短短的四年，劉知遠的後漢就被身旁的漢人郭威所滅。郭威在開封建立了後周，同時消滅了華北平原地帶沙陀突厥人的勢力。在太原，沙陀突厥人所建的北漢雖然殘留了下來，但充其量不過是在契丹帝國保護之下的小國。就像這樣，由突厥人掌握中國主導權的時代，在經歷二十八年後宣告結束。

開封的後周又被漢人的趙匡胤（宋太祖）於西元九六〇年所篡，建立了宋朝，首先合併了南方其他漢人的小國。宋太祖之後，由他的弟弟宋太宗繼承皇位，在南方大致統一之後，於西元九七九年攻陷太原，滅了北漢。宋太宗雖然一股作氣攻打北京，但在南郊的高粱河被契丹軍打得潰不成軍，皇帝好不容易才脫離險境，當然也無法收復燕雲十六州。

西元九八二年，十二歲的遼聖宗即位，由他的母親承天皇太后（蕭太后）攝政，派遠征軍前往外蒙古，攻擊肯特山脈以西的韃靼人，於西元一〇〇〇年征服了該地。契丹人稱這個地方的韃靼人為「阻卜」。契丹帝國於西元一〇〇四年在鄂爾渾河畔過去回鶻人的卜古罕城廢墟建立了名為鎮州建安軍的軍事基地，當作統治外蒙古的中心地。

同年，承天皇太后與遼聖宗親自率軍入侵華北，逼近宋朝的首都開封。契丹軍到達黃河北岸的澶州（今河南省濮陽市西）時，被宋軍的氣勢震懾，於是宋真宗提出和議，與遼聖宗互稱兄弟，承天皇太后也成了宋真宗的叔母。約定宋朝每年要付給契丹帝國絲綢二十萬匹，銀子十萬兩。兩國的關係從此轉為安定，大約一百二十年間，直到契丹帝國滅亡為止，兩國相安無事。

契丹帝國的制度與至今為止的遊牧帝國不同，結合了遊牧型的政治組織和中國型的城市文明。這是因為契丹人的故鄉在大興安嶺山脈的東方斜面，

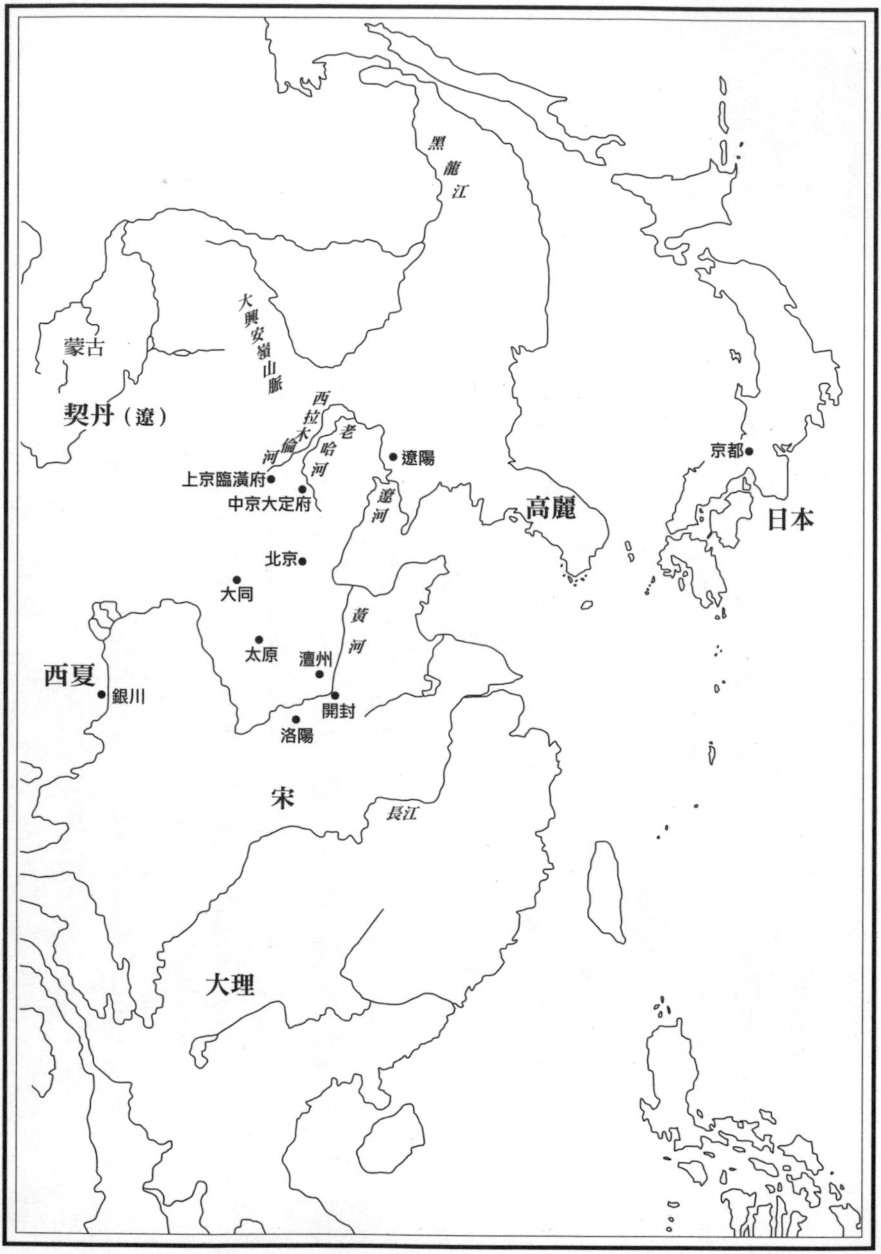
黑龍江
大興安嶺山脈
蒙古
契丹（遼）
西拉木倫河
老哈河
遼陽
上京臨潢府
中京大定府
遼河
高麗
京都
日本
北京
大同
黃河
太原
澶州
西夏
銀川
開封
洛陽
宋
長江
大理

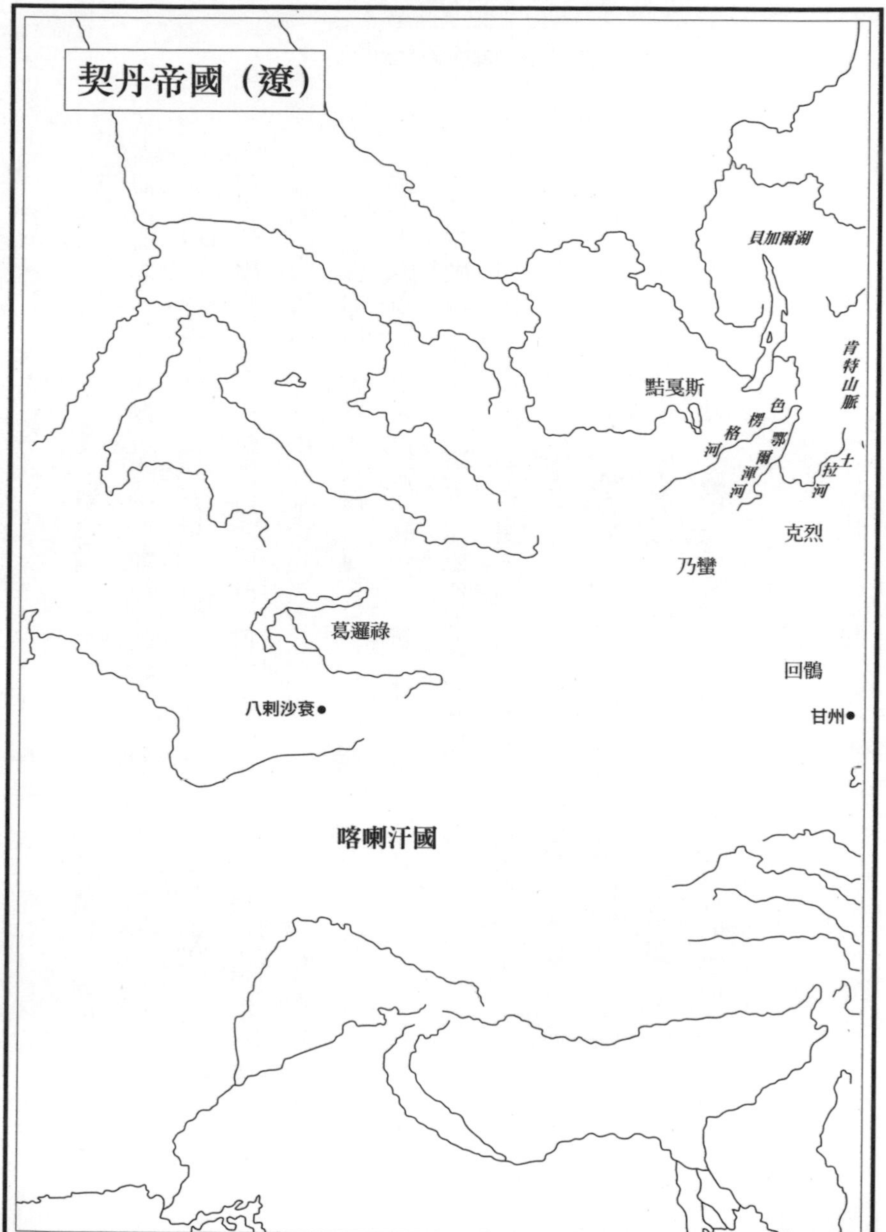

契丹帝國（遼）
貝加爾湖
肯特山脈
黠戛斯
色楞格河
鄂爾渾河
土拉河
克烈
乃蠻
葛邏祿
回鶻
八剌沙袞
甘州
喀喇汗國

雨量多，除了遊牧之外也適合農耕，很容易就可以建立城市。這個以遊牧和城市為兩大支柱的制度之後被蒙古帝國繼承，是蒙古帝國制度的基礎。

契丹帝國將被稱為「五京」的五個城市當作五個主要民族的中心地。契丹人的中心地是上京臨潢府（內蒙古自治區赤峰市巴林左旗）、與契丹人同族的遊牧民族奚人的中心地中京大定府（赤峰市寧城縣）、渤海人的中心地為東京遼陽府（遼寧省遼陽）、漢人的中心地為南京析津府（北京）、沙陀突厥人的中心地則在西京大同府（山西省大同）。帝國的遊牧民族依部族編制，定住民則編入州、縣。官僚組織分為北面官和南面官。北面官掌管遊牧民族，南面官則治理定住民。契丹皇帝以下的皇族、貴族各自擁有領地，領地內的居民包括遊牧民和定住民。契丹皇帝的領土稱「斡魯朵」，就像是一個財團般的組織，皇帝死後，斡魯朵依舊存在。斡魯朵又指皇帝住的營帳，或是朝廷臣子們所住的營帳群。皇帝也是遊牧民，不住在某一個固定的城市，而是帶著自己的宮廷，春夏秋冬分別前往不同的營區，過著遊牧的生活。

❖ 基督教傳向蒙古高原

在契丹與宋朝締結和議後三年，基督教首度從西方傳到了蒙古高原。在契丹建造鎮州建安軍的外蒙古鄂爾渾河畔地區是韃靼人克烈部族的牧地。克烈族可汗有一天在積雪深的山林中打獵，結果迷路了。正當克烈族可汗放棄希望的時候，一個聖者出現在他的眼前，對他說：「只要你願意相信耶穌基督，那麼我就拯救你，為你指引方向。」克烈族可汗發誓皈依基督，於是聖者替他引路，將他帶到了正確的道路上。克烈族可汗回到自己的營帳之後，向滯留在當地的基督教商人詢問了基督教的教義，知道了想要成為基督徒必須受洗，於是他首先向商人拿了一本福音書，每日禮拜。之後，克烈族可汗寫了一封信給梅爾夫（今土庫曼斯坦馬雷）聶思托里教派基督教的首都總主教，希望他能夠派遣祭司來為自己洗禮，並說已經有二十萬人追隨自己，準備接受洗禮。梅爾夫的首都總主教向巴勒斯坦的大教長報告這件事，之後遵照大教長的指示，派遣了兩名祭司和助手，幫助可汗和其他克烈人進行洗禮儀式。這是發生在西元一〇〇七年的事，並被紀錄在敘利亞文的教會史中。

隨著契丹人在外蒙古建立城市，打開了外蒙古通往中國的交通，西方的基督徒商人開始經由草原之道進入外蒙古。商人所帶進來的基督教信仰不僅影響了蒙古的克烈部族，也擴展到了內蒙古的汪古部族。這兩個遊牧部族在之後的二百年，成為了蒙古高原上最有力的基督教國家。就算到了西元十三世紀的蒙古時代，成吉思汗一開始追隨的也是克烈族的脫里汗，而元世祖忽必烈汗的母親唆魯禾帖尼是脫里汗的姪女，也是基督教徒。唆魯禾帖尼的牌位在元朝時代被安置在甘州（今甘肅省張掖市）的基督教會中。蒙古人相信上天授予成吉思汗征服世界的神聖使命，而蒙古人關於上天的觀念是否受到基督教的影響，這一點十分耐人尋味。

西方商人帶進的不僅是信仰，同時也帶入了文字。不僅是基督教，擁有經典的宗教組織一旦擴展，文字的使用一定也會隨之擴展。聶思托里教派基督教的公用語是亞蘭語，經典是用亞蘭字母寫成。隨著基督教在中央歐亞草原遊牧民族間擴展，亞蘭字母也跟著擴展，遊牧民族開始使用亞蘭字母書寫自己的語言。就像這樣，亞蘭字母應用在突厥語上成了回鶻文。回鶻文到了西元一二〇四年被成吉思汗應用在蒙古語上成了蒙古文。蒙古文又在西元一五九九年被清太祖努爾哈赤應用在滿洲語上成了滿文。也就是說，西元一〇〇七年克烈族可汗改信基督教，此舉有助於字母普及，這一點對於中央歐亞的文明產生深遠的影響。

❖ 党項人

另一個遊牧基督教王國的汪古部族是沙陀突厥人的後裔，在內蒙古西部的陰山山脈遊牧，擔任契丹帝國西南邊境最前線的防衛。南方的黃河上游地區，相當於現在的寧夏回族自治區，是党項人的西夏王國。党項人是出身四川西北部、西藏邊境山林的遊牧民族。王室的姓氏為拓跋，與鮮卑北魏的帝室相同。從這一點可以推測，党項人原本是鮮卑族人。西元八世紀的安史之亂後，唐朝為了邊境防衛上的方便，將党項人遷移到了寧夏。西元八八三年，党項人的拓跋思恭參加了從黃巢反叛軍中奪回長安的戰役有功，賜姓唐朝帝室的李姓，並獲封夏國公，成為了獨立的軍閥。高梁河戰役中，契丹擊敗宋，夏國公李繼遷宣布獨立，與契丹結盟。西元九九〇年，契丹帝國的遼聖宗封李繼遷為夏國王，這就是西夏王國的建國。李繼遷的孫子李元昊於西元一〇三八年採用大夏皇帝的稱號，將首都定在興慶府（今寧夏銀川）。西夏王國使用特殊的西夏文字書寫党項語，但至今尚未能充分解讀。另外，党項人是佛教徒。

❖ 可薩汗國

西元七至十一世紀，在東方，遊牧帝國與中國的對立，遊牧民族逐漸佔上風。在此同時，西方的黑海北方矗立著強大的可薩汗國。

可薩並不是個單一民族，而是在西突厥的統治之下，眾多遊民部族整合而成的聯盟名稱。他們共通的語言是突厥語。西突厥的政權在西元六三〇年左右開始出現動搖，也就是在東方唐朝滅掉突厥汗國的同時，可薩人出現在北高加索，開始與保加爾人一爭長短。不久之後，征服西突厥斯坦的阿拉伯人也入侵北高加索，襲擊可薩人的城市巴蘭札爾，之後大約百年的時間，阿拉伯與可薩之間的紛爭不斷。西元七三七年，阿拉伯大軍逼近可薩人位於伏爾加河下游的根據地，逼迫可薩可汗改信伊斯蘭教。但這只維持了一陣子，阿拉伯向北的征戰最終止於現在達吉斯坦共和國的傑爾賓特。

可薩汗國統治的範圍以伏爾加河下游和北高加索為中心，東從烏拉爾河，西至聶斯特河為止，與東羅馬帝國為了克里米亞的土地互不相讓。就算如此，東羅馬帝國為了抵抗阿拉伯帝國，確保北方邊境的安全，還是選擇了與可薩汗國結盟。西元七三二年，可薩可汗的女兒齊查克（Tzitzak）公主與東羅馬帝國利奧三世的兒子君士坦丁（後來的皇帝君士坦丁五世）結婚，產下一子利奧，也就是日後的皇帝利奧四世。東羅馬帝國皇帝娶「蠻族」之女為皇后是件史無前例的大事，由此可見對於當時的東羅馬帝國而言，與可薩結盟是多麼重要的事。

西元八世紀末到九世紀初，可薩的布蘭可汗改信猶太教。可薩汗國的統治階層紛紛效仿，許多民眾也跟著改信猶太教。可薩人蓋起了猶太會堂，也邀請許多猶太教的著名學者，另外還限制只有猶太教徒才能夠繼承可汗之位。雖然如此，可薩人遵循猶太教的傳統，對於其他宗教採取寬容的態度。可薩汗國七個裁判官當中，二人依照《托拉》（*Torah*，《摩西五經》）的律法判決可薩人的事件，二人負責判決伊斯蘭教徒的事件，二人負責判決基督教徒的事件，剩下一人則負責判決異教徒的事件。實際擔任國政的是由出身花剌子模的伊斯蘭教徒波斯人所組成的可汗親衛隊。中央歐亞東西連接的草原之道與南北連接伏爾加河與裏海的水路，可薩汗國由於佔據兩者的交叉點，與地中海世界和伊斯蘭世界的貿易非常發達。

現在，有許多猶太人住在俄羅斯和烏克蘭，他們說著南德的方言（意第緒語），希伯來語稱他們為「阿什肯納茲猶太人」（被認為與斯基泰人有關）。這些人與以前的可薩猶太教徒沒有關係。阿什肯納茲猶太人原本住在波蘭。西元十八世紀，波蘭被俄羅斯帝國吞併，他們才移居俄羅斯和烏克蘭。西元一九四八年，在巴勒斯坦建立以色列的猶太人主要就是這些阿什肯納茲猶太人的移民。

❖ 羅斯人的出現

到了西元九世紀，北方出現了名為羅斯的民族，開始對可薩汗國和東羅馬帝國造成威脅。在西元十二世紀初以俄羅斯文寫成的《原初編年史》當中有一段關於西元八六二年的記載。

人與人之間沒有正義，部族與部族之間彼此爭鬥，相互開戰。他們爭論不休，吵著「我們要為自己尋求可以統治我們、可以依法執法的大公（族長）」。於是他們渡海到了羅斯人的土地。芬蘭人、斯拉夫人向羅斯人說道：「我們的國家很大也很豐饒，然而卻毫無秩序可言。請你們成為我們的公，統治我們。」三兄弟與他們的部族被選出，帶著羅斯所有的一切來到了芬蘭人與斯拉夫人的土地。老大留里克坐鎮大諾夫哥羅德。老二西努斯和老三楚佛爾不久之後就死了，因此留里克執掌所有的權力，將土地分封給自己的臣子。

留里克的二位臣子阿斯科爾德和基爾獲准帶著自己的族人前往拜占庭。他們沿著聶伯河南下，停留在基輔，統治了波利亞內人（平原上的東斯拉夫人）。在此之前，基輔是向可薩汗國進貢的國家。二人在西元八六六年向東羅馬帝國進軍，聯合二百艘船包圍拜占庭，但因暴風雨來襲，征戰宣告失敗。留里克死後由同族的奧列格繼承公位。西元八八一年，奧列格率領大軍進入基輔，殺掉了阿斯科爾德和基爾，自己成了基輔的大公。

以上是《原初編年史》的記載內容，年代方面有些不正確。羅斯人是在西元八六〇年代攻打拜占庭，而留里克兄弟來到東斯拉夫人的土地是在西元八六二年之前的事。話雖如此，可以確定的是，首度在東斯拉夫人的土地上建立王朝的不是東斯拉夫人自己，而是從海的另一方斯堪地那維亞遠渡而來的日耳曼系諾曼人。這些外來的諾曼人征服者被稱為羅斯（俄羅斯的語源），羅斯人征服的國土稱作俄羅斯，而被羅斯人征服的人則被稱為俄羅斯人。這個事實說明了俄羅斯民族的身分，從一開始就是借別人的土地、人民而來的。

羅斯人沿著伏爾加河南下，反覆攻擊可薩汗國，終於在西元九六五年，羅斯人的基輔大公斯維亞托斯拉夫攻進了可薩汗國的中心城市薩克爾。可薩汗國受到嚴重打擊而衰弱，但未因此而消滅，直到西元十一世紀末，都留在北高加索。

打倒可薩汗國之後，斯維亞托斯拉夫的兒子弗拉基米爾大公（一世）與東羅馬帝國聯手。西元九八八年，弗拉基米爾大公與東羅馬帝國皇帝巴西爾二世的妹妹安娜結婚，並受洗成為基督徒。根據《原初編年史》記載，伊斯蘭教徒的保加爾人勸說弗拉基米爾大公信仰伊斯蘭教，但大公因為伊斯蘭教徒必須行割禮，且不能吃豬肉或飲酒，所以拒絕改信伊斯蘭教。德意志人勸弗拉基米爾大公歸依羅馬教皇，但大公也回絕。從可薩來的猶太人勸弗拉基米爾大公改信猶太教，然而大公卻以聽說猶太人激怒神而遭到亡國，猶太人四散各處為由，同樣加以回絕。最後，東羅馬帝國的學者向弗拉基米爾大公保證，只要受洗就可以死後復活，大公終於下定決心受洗，並毀掉了羅斯的眾神像。當然，這是基督教徒所編的故事，並非史實，但弗拉基米爾大公改信基督教是之後俄羅斯正教會的起源。

羅斯人所接納的基督教是東羅馬帝國的希臘正教，但教會的公用語不是希臘語而是斯拉夫語。因此，俄羅斯正教的修道院被翻譯成斯拉夫語的希臘語文獻，完全是基督教神學的著作，希臘哲學、文學、科學的古典書籍都沒有被翻譯。也正因為如此，羅斯人雖然接納了東羅馬帝國的基督教，但西歐文明基礎的古希臘、羅馬精神卻完全沒有影響羅斯人或東斯拉夫人。這與將來俄羅斯文明的命運有著密切的關係。

雖然可薩汗國垮台，但並不代表黑海北部草原就歸羅斯所有。可薩人之後，同樣說著突厥語的遊牧民族佩切涅格人從東方入侵，銳不可當。西元九七二年，打倒可薩的斯維亞托斯拉夫大公被佩切涅格人所殺。佩切涅格人將斯維亞托斯拉夫大公的頭貼滿金箔做成酒杯，用來飲勝利之酒。到了弗拉基米爾時代，佩切涅格人的攻勢依舊不減，羅斯築起了高牆防禦。然而，於西元一〇三六年，基輔被攻破，佩切涅格人經過基輔向西來到了多瑙河的東羅馬帝國國境。在佩切涅格人之後從東方而來的是欽察人。

❖ 欽察人

欽察人又被稱作庫曼人，俄羅斯語稱「波洛韋茨」。他們來自西伯利亞鄂畢河上游的阿爾泰山脈，是說著突厥語的遊牧民族。西元十一世紀初經由哈薩克斯坦草原開始向西方遷徙，同世紀末到達了多瑙河。欽察人佔據橫跨哈薩克斯坦、北高加索、烏克蘭的廣大草原地帶，這片草原地帶在波斯語中稱作「Descht-i-Qipchāq」，也就是欽察草原的意思。

欽察人之間並沒有政治上的統一，多數的可汗各自率領自己的部族。

從西元十一世紀末起，欽察人反覆攻擊東羅馬、匈牙利以及羅斯，當中又以與羅斯之間的戰爭最為激烈。西元一一八五年，羅斯的大諾夫哥羅德大公伊戈爾二世被欽察人擊敗成為了俘虜。這段故事正是著名的古俄羅斯英雄史詩《伊戈爾遠征記》。以這段故事為基礎，西元十九世紀的音樂家鮑羅定編寫了歌劇《伊戈爾王子》，當中最著名的曲子是《波洛韋茨人之舞》。這個曲子經常被誤譯為《韃靼人之舞》，但正確應該是《欽察人之舞》。蒙古人原本是韃靼人其中的一個民族，俄羅斯人稱蒙古人為「韃靼」，但波洛韋茨人是欽察人而不是蒙古人。蒙古人在西元十二世紀時，尚未出現在欽察草原。

　　無論是羅斯還是欽察，他們的內部都沒有統一，因此無法合力對抗外敵，兩者之間的戰爭也始終膠著不下。對峙的狀況到了西元十三世紀，蒙古人從東方入侵，兩者都遭蒙古帝國所吞噬。

第六章

蒙古帝國創造世界

❖《資治通鑑》的中華思想

蒙古高原上的遊牧帝國，從突厥汗國到回鶻汗國，一直對隋唐時代的中國造成威脅。從西元九三六年中國割讓燕雲十六州給契丹帝國以來，在五代、宋朝時代，遊牧民族都站在了有利的地位。西元一〇〇四年的澶州和議更確定了契丹帝國對宋朝的優勢。

這個形勢讓中國人的身分認同起了決定性的變化。原本的中國是以皇帝為中心的世界，而住在皇帝統治的城市之中、使用皇帝制定的漢字的人是中國人，與出身的民族無關，而且甚至沒有「中國人」這個用語。秦朝的人稱「秦人」，漢朝的人稱「漢人」，三國時代的人分稱「魏人」、「吳人」、「蜀人」，晉朝的人則稱「晉人」。這些全部代表了屬於皇帝的人，沒有民族的觀念。

後來發生了五胡十六國之亂，西元三一六年晉朝滅亡，皇帝制度一度消滅。從這個時期開始，中國一直被遊牧民族出身的王朝統治，漢人成了被統治的階級。隋朝和唐朝都是鮮卑人的王朝，進入五代之後的後唐、後晉以及後漢又是突厥人的王朝。終於到了宋朝，漢人好不容易在睽違六百年後統一中國，卻又立即受到高粱河的敗戰與澶州和議的屈辱，被迫承認身為遊牧帝國的契丹帝國的優勢。

六百年來在非漢人統治之下的漢人，他們的自尊心已經受損，而這個情勢更帶給他們嚴重的打擊。「中國人」在此才終於有了民族的觀念，他們開始主張，武力上面也許不如「夷狄」，但文化上面遠勝「夷狄」。這個主張就是所謂的「中華思想」，但這個主張卻是與事實相反。無論在什麼樣的社會，統治階級都比被統治階級享受更高的生活水準，當然文化水準也比較高。也就是說，就算在中國，統治階級的「夷狄」的文化水準也都勝過被統治階級的「中國人」。中華思想是中國人病態劣等意識下的產物，而試圖藉由歷史將此思想正當化，以証明中國人優越性的史書，正是宋朝政治家司馬光所著的《資治通鑑》。

《資治通鑑》是一本編年體的史書，記載自西元前四〇三年（戰國時代初期）至西元九五九年（宋太祖即位前一年）的歷史。在司馬光的年代，一個「天下」（世界）有兩個皇帝並列，分別是契丹皇帝和宋朝皇帝。這以司馬遷《史記》的架構而言是絕對不可能發生的事，因為違背了「正統」的觀念。《資治通鑑》的架構反映了宋人超越了現實的情勢，把歷史理想化，希望能夠挽回中國的名譽。

就像司馬光的時代一樣，南北朝時代也是兩個皇帝並列的時代。唐朝的史官平等對待南朝和北朝，承認南北朝皇帝的正統。然而在司馬光的《資治通鑑》中，在標明年代的時候，從頭到尾使用的都不是在中國中心地建國的北朝年號，而是使用江南邊境亡命政權南朝的年號。年號代表的是皇帝對時間的支配權，因此，《資治通鑑》的寫法代表把鮮卑人的北朝視為契丹，且認為北朝的皇帝是假皇帝，拒絕承認北朝的正統。相反的，南朝雖然衰弱，但由於與宋朝一樣都是漢人的王朝，因此南朝的皇帝才是真正的皇帝，承認南朝的正統。《資治通鑑》將周朝以來的正統，經過秦、漢之後的歷代王朝，直接與宋朝接軌，這種寫法是在強調只有漢人王朝的宋朝皇帝才有統治中國的正當權力。在這裡可以看到司馬光對抗契丹帝國的意識，同時也可以看出自尊心受損的漢人為挽回自尊所做出的努力。

相對於司馬遷的《史記》為中國這個世界做出定義，司馬光的《資治通鑑》規範了漢人的民族觀念。正統的觀念與中華思想結合的結果，讓之後的中國人愈來愈看不清中國的現實。

❖ 金帝國

契丹帝國於西元一一二五年滅亡。滅掉契丹帝國的是女真人（或稱女貞或女直）。女真人是說通古斯語系語言的狩獵民族，住在連接遼河（遼寧省）與嫩江（黑龍江省）的東經一百二十四度線東側的森林地帶，長久以來都臣服於契丹帝國，每年向契丹帝國納貢。完顏部族的族長阿骨打（金太祖）於西元一一一五年獨立，即位大金皇帝，這就是金帝國的建國。國號「金」是取自完顏部族根據地，也就是哈爾濱市東南方的按出虎水（今阿什河），而「按出虎」在女真語中代表「黃金」之意。女真語是之後滿洲語的祖語。女真人也與契丹人一樣，修改漢字創造出書寫自己語言的文字。

金軍對抗契丹軍連戰連勝，契丹帝國最後的皇帝在西元一一二五年於內蒙古被捕。金軍繼續進攻宋朝，隔年佔領開封，俘虜了宋徽宗與宋欽宗父子。華北地區一直到淮河為止都成為了金帝國的土地。宋欽宗的弟弟宋高宗往南逃，西元一一二七年登上帝位，將臨時的首都設在杭州。從這裡開始的宋朝被稱為南宋。

金帝國除了繼承契丹帝國所有的土地之外，還追加了華北地區的領土。北方的內蒙古也是金帝國的土地，但金帝國並沒有統治外蒙古地區。外蒙古地區由契丹皇族的耶律大石在西元一一二四年，將七州的契丹人和遊牧民族的十八部族聚集在鎮州建安軍的可敦城，在這裡被選為皇帝。

耶律大石在不久之後便領著全軍向西方遷徙，佔領了哈薩克斯坦東部、巴爾喀什湖南方、楚河河畔城市八剌沙衮，以此地為根據地，統治了中亞地區廣大的領土。這個由耶律大石所建立的帝國被稱為黑契丹或西遼。黑契丹的皇帝在突厥語中被稱為古兒汗。他的宮帳被稱為「虎思斡魯朵」，據說規模之大，就算騎馬繞一圈也要花上一天一夜的時間。

八剌沙衮在黑契丹人入侵之前，從西元十世紀以來，這裡是伊斯蘭教徒突厥人所建立的喀喇汗國，在中亞擁有強大的勢力。喀喇汗國首度使用阿拉伯文書寫突厥語。西元一〇六九至一〇七〇年，有一本由詩人玉素甫·哈斯·哈吉甫所著的《福樂智慧》，書中闡述君主應有的素養，是以突厥語書寫的

第一部文學作品。信仰佛教的黑契丹繼承了喀喇汗國的強大勢力，在中亞統治伊斯蘭教徒。

契丹人是最早成功結合遊牧型政治組織與中國型城市文明的民族。這樣的契丹人在中亞的伊斯蘭地帶建立了黑契丹，將自己在東亞地區發展出的全新經營模式帶進了這個地區，為之後成吉思汗的蒙古帝國奠定基礎。

❖ 資本主義的萌芽

女真人是森林地帶的狩獵民族，住在固定的房子裡，在狩獵與採集之餘，同時也進行農耕。因此，相較於草原遊牧民族的契丹人，女真人更容易融入中國型的城市文明。女真人建立的金帝國，幾乎沿用契丹帝國的所有制度。然而，金帝國從宋朝奪來的華北是漢人的地區，當地商業發達，需要大量貨幣，這帶來了新的問題。至今為止的貨幣都是銅幣，然而現在屬於金帝國領土的華北地區沒有出產銅的礦山，因此無法鑄造銅幣，這造成了流通貨幣的絕對量經常不足。金帝國為了解決這個問題，於是發行了大量的交鈔，這使人們習慣以信用為本的交易，也讓以信用為基礎的資本主義經濟開始萌芽。交鈔的發行也是未來蒙古帝國商業繁榮的原因之一，更影響了世界的經濟變化。

無法直接掌管外蒙古的金帝國，不斷受到外蒙古地區遊牧民族的入侵和掠奪所擾。為了解決這個問題，金帝國與遠方的遊牧部族結盟，夾擊離國境近的遊牧民族。金帝國選擇結盟的對象之一就是克烈部族的脫里汗，而脫里汗手下蒙古部族的鐵木真正是未來的成吉思汗。

❖ 蒙古人的出現

蒙古部族原本是住在今西伯利亞與內蒙古東部境內額爾古納河畔的遊牧民族，他們的名字首度出現在西元七世紀初的紀錄當中。蒙古人在西元一〇八四年再度出現在紀錄當中——這一年，「遠方蒙古國」的使者造訪了契丹帝國皇帝的宮廷。根據後世成吉思汗家族的傳承，成吉思汗六代前的祖先名叫海都。鄰近的札剌亦兒部族人入侵，搶走了馬群並把海都的族人趕盡殺絕。當時，年幼的海都因為躲在木柴堆裡，所以獨自一人存活了下來。入贅巴爾虎部的叔父納真（又作納臣把阿禿）把海都帶到了巴爾虎。海都長大成人後，納真帶領巴爾古津河流域的居民，選出海都當自己的君主。海都率軍攻打札剌亦兒部族，收服了此部族。海都的勢力日益茁壯，他在巴爾古津河畔紮營，並在河上搭橋方便往來。之後，四方部族逐漸聚集在海都麾下。海都的曾孫合不勒可汗是蒙古部族最初的可汗。合不勒可汗的孫子是也速該，而也速該的兒子就是鐵木真．成吉思汗。

這個故事當中的巴爾古津是從東側流入貝加爾湖的河川名稱，而巴爾古津溪谷是一片廣大的平原。巴爾虎是住在這個地方的遊牧民族，是現在布里亞特蒙古人的祖先。札剌亦兒部族是在南方鄂嫩河溪谷遊牧的民族。從這裡可以看出，蒙古人在西元十一世紀時在貝加爾湖以東地區遊牧，之後開始南下，慢慢擴展至肯特山脈以東的鄂嫩河和克魯倫河一帶。

成吉思汗出身的乞顏部擁有蒙古部族當中最靠西的肯特山中牧地，西邊緊鄰克烈部族。克烈部族的脫里汗在內亂中失去了王位，帶著百餘騎兵投靠了成吉思汗的父親也速該。也速該後來率兵幫助脫里汗恢復王位。脫里汗為

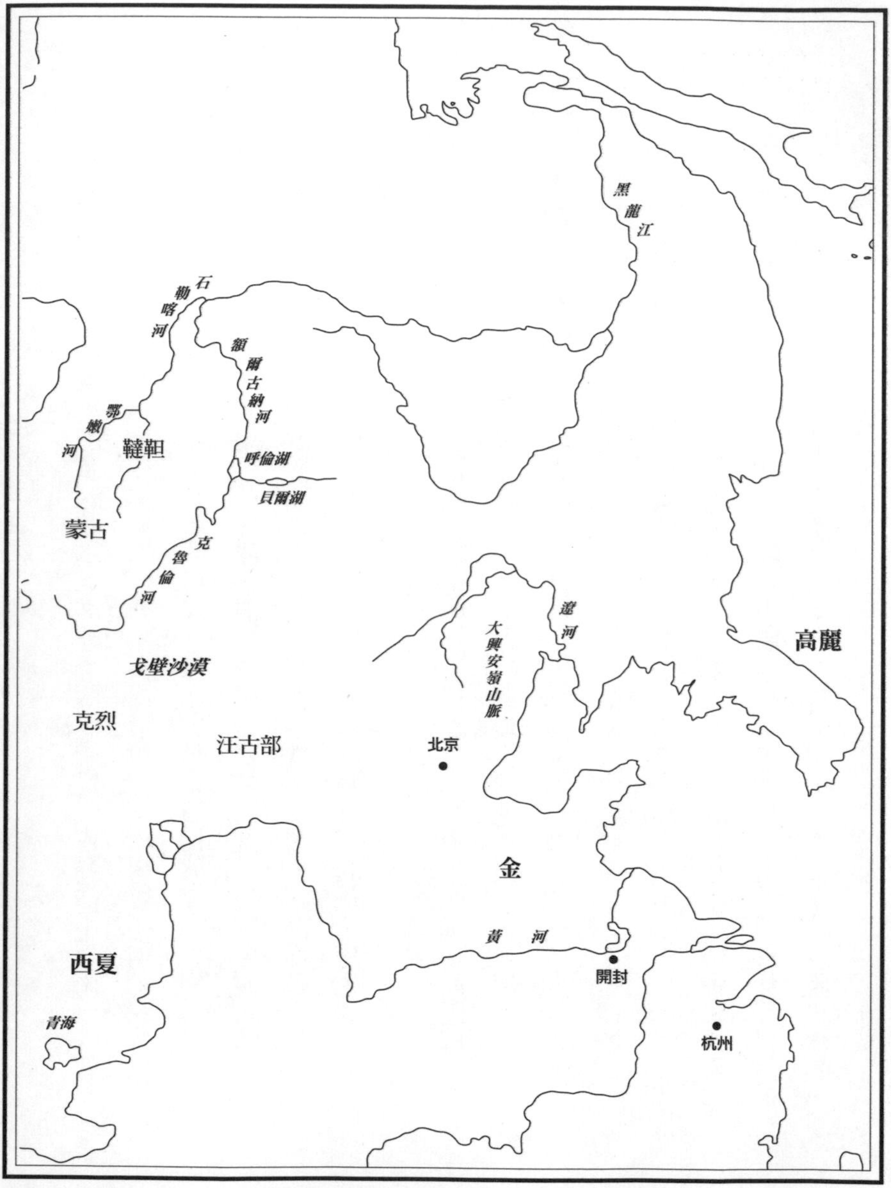
黑龍江
石勒喀河
額爾古納河
鄂嫩河
韃靼
呼倫湖
貝爾湖
蒙古
克魯倫河
戈壁沙漠
克烈
汪古部
遼河
大興安嶺山脈
高麗
北京
金
黃河
開封
西夏
青海
杭州

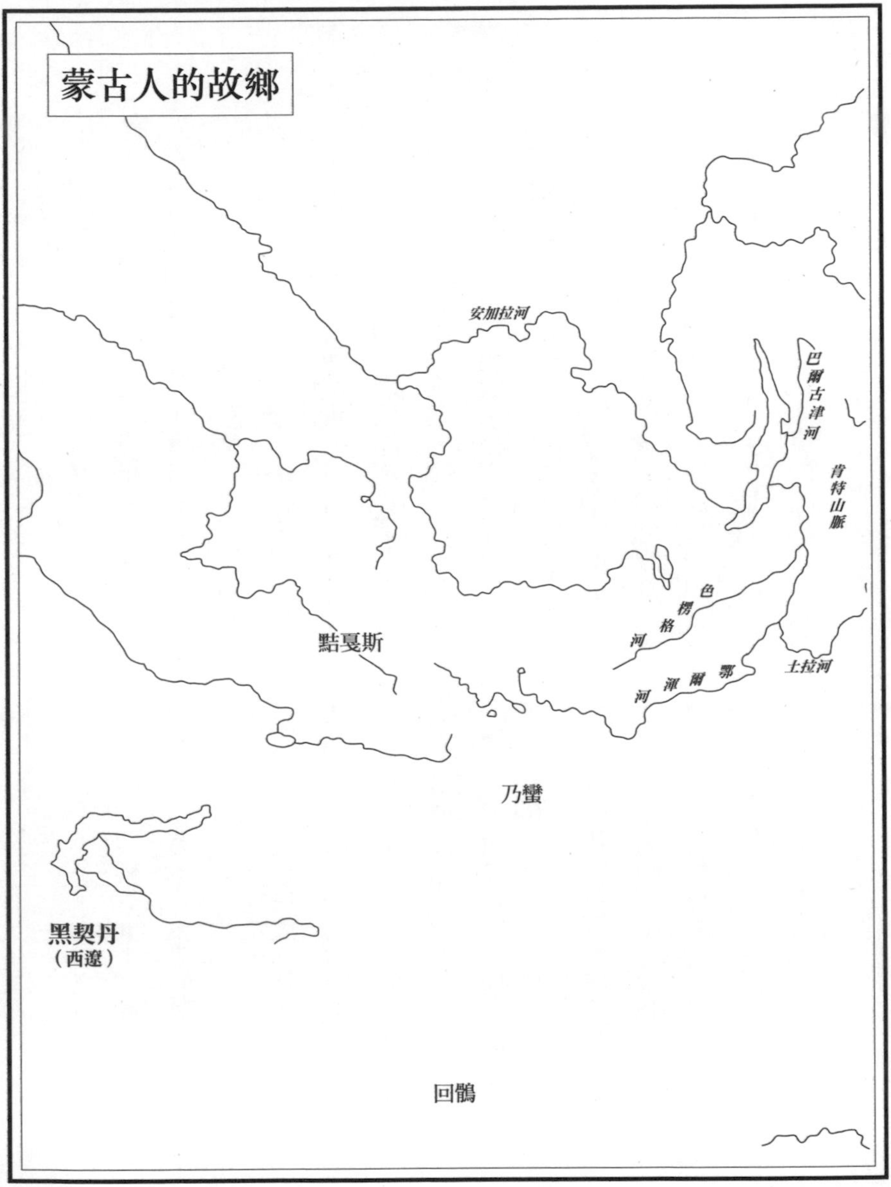
蒙古人的故鄉
安加拉河
巴爾古津河
青特山脈
黠戛斯
色楞格河
鄂爾渾河
土拉河
乃蠻
黑契丹
（西遼）
回鶻

了報恩，與也速該訂立了安答（盟友／義兄弟）的誓約。

也速該死的時候，他的兒子鐵木真還很年幼。這個時候的蒙古部族尚未有文字的知識，當然也沒有紀錄。因此，無法正確判斷鐵木真出生的年分。西元一一九五年起才開始可以正確判明鐵木真的事蹟。

西元一一九五年，金帝國派遣大軍討伐擾亂邊境的遊牧民族，同時命令結盟的部族從背後夾攻，蒙古部族的鐵木真正是回應此命令的其中一人。鐵木真攻打仇敵的塔塔兒部，殺了塔塔兒部的首長，被金軍的總司令官封為百人長。之後的鐵木真在協助金帝國的同時，也開始累積自己的勢力。這件事情之所以會留下紀錄，是因為從這一年開始，鐵木真與有文字的克烈王朝之間建立了關係。

這一年，克烈王國又發生了內亂。西方阿爾泰山脈的乃蠻部族首領介入，脫里汗的弟弟扎合敢不遭到驅逐，逃往東方肯特山脈向鐵木真求救。脫里汗自己則經過西夏王國以及天山山脈的回鶻汗國，向黑契丹求救。然而，黑契丹不肯幫助脫里汗，於是他在隔年的西元一一九六年，轉而向鐵木真求救。由於脫里汗與鐵木真的父親也速該有安答之緣，於是鐵木真尊敬脫里汗如父，成為了脫里汗的部下，二人同心協力討伐與金帝國敵對的其他遊牧民族。金帝國授予脫里汗「王」的稱號，因此脫里汗又被稱為「王汗」。

克烈的王汗與蒙古的鐵木真一直到西元一二〇二年都持續聯手，外蒙古的諸部族幾乎都在二人的統治之下。然而，成功也為二人帶來了對立，最終在西元一二〇三年的春天，王汗的軍隊偷襲了鐵木真。鐵木真向北方逃亡，以鄂嫩河北方的巴勒渚納湖為根據地，同年秋天一舉擊破王汗的本營。王汗準備逃往乃蠻王國，卻被邊境守衛隊所殺。在此，持續二百年傳統的基督教國家克烈亡國，蒙古部族的鐵木真成了外蒙古的統治者。

隔年的西元一二〇四年，乃蠻的塔陽汗率領大軍從西方入侵外蒙古。「塔陽」是從金帝國得到的封號「大王」的諧音。然而，與蒙古軍在鄂爾渾河的決戰當中，乃蠻軍大敗，塔陽汗戰死。鐵木真轉而攻擊東方的塔塔兒部族，進行了大屠殺，將塔塔兒部族徹底殲滅。

從此之後，金帝國境外的遊牧民族全部歸降鐵木真，聽從鐵木真的號令。西元一二〇六年春天，在肯特山脈、鄂嫩河上游附近的草原，多數的遊牧部族與氏族聚集在一起召開了大會，選出鐵木真為共同的最高領袖，獻上了「成吉思汗」的稱號。這是蒙古帝國的建國，也是世界史誕生的瞬間。

❖ 蒙古的發展

蒙古帝國的發展可以分為幾個階段：

第一階段為征服西夏王國。從成吉思汗即位前的西元一二〇五年起，蒙古軍就已經開始入侵西夏，終於在西元一二二七年消滅西夏。

第二階段是天山回鶻汗國的投降。回鶻汗國原本在黑契丹的保護之下，但在西元一二〇九年，回鶻汗國背棄黑契丹，轉而效忠成吉思汗。

第三階段是征服金帝國。成吉思汗於西元一二一〇年與金帝國斷交，隔年開始入侵金帝國領土的內蒙古和華北。成吉思汗後繼的窩闊台汗於西元一二三四年徹底殲滅了金帝國。

第四階段是征服黑契丹。乃蠻的塔陽汗戰死，其子屈出律逃往黑契丹，接受黑契丹最後一個皇帝的保護。西元一二一一年，屈出律叛亂，廢掉黑契丹的皇帝，自己登上了帝位。就這樣，黑契丹在耶律大石建國後八十七年滅亡。成吉思汗於西元一二一八年派遣大軍滅了屈出律。這讓蒙古帝國在西方的最前線到達了哈薩克斯坦東部。下一個階段就是征服緊鄰黑契丹西方的伊斯蘭世界。

❖ 伊斯蘭世界的突厥人

西元七世紀，西亞的伊斯蘭世界上演了阿拉伯帝國的大征服。西元八至九世紀，巴格達阿拔斯王朝的哈里發將阿拉伯帝國推向高峰。從這個時代開始，中亞的突厥人被當作奴隸，開始大批進入伊斯蘭世界。突厥人奴隸勇敢又忠誠，是很重要的軍隊資源，當中也有人被提拔侍奉君主，或是登上軍司令官和地方長官的位置。

到了西元十一世紀，哈薩克斯坦草原出現了說突厥語的土庫曼人塞爾柱家族，他們改信伊斯蘭教，征服了西突厥斯坦和伊朗高原。西元一〇五五年，土庫曼的族長圖赫里勒・貝格進入巴格達城，被阿拔斯王朝的哈里發封為「蘇丹」。塞爾柱王朝的勢力曾經覆蓋整個西亞，但地方的王家分散了王朝的勢力，勢力逐漸衰弱，塞爾柱家族於西元一一五七年絕後，這時正好是成吉思汗出生的時期。

塞爾柱王朝是突厥人在伊斯蘭世界最早建立的帝國，繼承帝國東半部領土的是同為伊斯蘭教徒突厥人的花剌子模王朝。花剌子模指的是今烏茲別克斯坦西部、阿姆河從南側流入鹹海的地區。花剌子模王家的祖先是塞爾柱王朝蘇丹的突厥人奴隸，後來被任命擔任花剌子模的軍司令官，逐漸擴展勢力。

與花剌子模王朝的對戰是蒙古征服世界的第五個階段。成吉思汗於西元一二一九年指揮全軍渡錫爾河，耗時七年，終於完全消滅了花剌子模帝國，將勢力擴展到北印度平原。許多參與這場遠征的蒙古人都駐紮在西突厥斯坦的征服地，繼續征戰。

❖ 征服歐洲

蒙古征服世界的第六階段是征服欽察草原。成吉思汗將哈薩克斯坦封給了長子朮赤當作牧地。窩闊台汗於西元一二三四年任命朮赤的次子拔都為總司令官，從各皇族中挑選精兵組成大軍，由拔都領軍，開始征服烏拉爾河以西的諸國。拔都的蒙古軍於西元一二三六年征服了伏爾加河中游保加爾人的國家，接著又依序征服了欽察人的諸部族、羅斯的諸城市以及北高加索的諸民族。接著大軍又進入波蘭王國，於西元一二四一年在萊格尼察擊敗了波蘭軍與德意志騎士團的聯軍。大軍繼續將匈牙利王國夷為平地，直入奧地利的維也納新城。再往南，進入了克羅埃西亞的亞得里亞海岸。

蒙古軍的作戰目的被認為在於逐一征服西歐，直搗大西洋岸，將這些地方收為蒙古人的牧地。蒙古軍隊的先鋒中有一位英國的貴族，這就是最好的證據。這個英國人據說是在西元一二一五年逼迫英格蘭國王約翰簽署《大憲章》的貴族之一。約翰王死後，反對黨的貴族們企圖迎接法蘭西的王子路易繼承英格蘭的王位但不幸失敗，被羅馬教皇英諾森三世逐出了教會。後來成為蒙古先鋒的英國貴族為了贖罪，參加了第四次十字軍東征來到了巴勒斯坦，之後脫隊進入巴格達。由於他的教養高尚，而且可以流利運用多國語言，於是被窩闊台汗宣召封賞，加入蒙古的遠征軍，負責與基督教徒交涉。

然而，於西元一二四一年十二月，窩闊台汗死去，蒙古的遠征軍在東經十六度線突然撤軍。這時，維也納新城追擊蒙古軍的奧地利軍隊俘虜了八名蒙古軍的將領，其中一人就是這名英國貴族。他的名字雖然沒有流傳下來，但如果蒙古軍能夠到達大西洋，那麼他無疑會被任命為西歐的總督。

蒙古對歐洲的征戰到此告一段落，沒有發動第二次的征戰。遠征軍的總司令官拔都在伏爾加河畔遊牧，統治北高加索、烏克蘭、羅斯一帶。他的宮廷被稱為「黃金斡魯朵」（金帳）。伏爾加河以東的草原是拔都的長兄鄂爾達和弟弟們的牧地。朮赤子孫們的領地俗稱「欽察汗國」，但這其實是不正確的，應該稱作「欽察草原的大汗們」。現今韃靼斯坦共和國的韃靼人、哈薩克斯坦的哈薩克人、烏茲別克斯坦的烏茲別克人都是與朮赤家的大汗們一同移居當地的蒙古人後裔。

❖ 征服西亞

第七階段是征服西亞。成吉思汗的孫子蒙哥汗於西元一二五三年，派遣弟弟旭烈兀遠征西亞。旭烈兀於西元一二五八年攻破巴格達，殺了最後的哈里發，滅了阿拔斯王朝。蒙古軍接著入侵敘利亞，企圖征服埃及。當時統治敘利亞的是由奪取埃及阿尤布家族政權的突厥軍人所建立的奴隸王朝——馬木路克王朝。蒙古軍於西元一二六〇年，在巴勒斯坦的阿音札魯特（以色列國提比里亞）遭到蘇丹忽禿斯率領的馬木路克王朝大軍埋伏而大敗。之後蒙古人也多次嘗試征服敘利亞和埃及，但最終都沒能成功。旭烈兀自稱伊兒汗，將以大不里士為中心的南亞塞拜然作為根據地，東自西突厥斯坦的阿姆河，西至幼發拉底河和安那托利亞，北達高加索山脈，統治了廣大的土地。這就是所謂的「伊兒汗國」。

繼承拔都金帳汗國大汗之位的是他的弟弟別兒哥。別兒哥與旭烈兀為了爭奪高加索的領地而發生了衝突。在這樣的情況之下，埃及的馬木路克王朝選擇與別兒哥聯手。建立馬木路克王朝的突厥奴隸軍原本是欽察人，被阿尤布家族最後的薩萊赫蘇丹大量買入，帶進了埃及，所以馬木路克王朝對統治故鄉欽察草原的金帳汗國比較有親切感。為此，馬木路克王朝受到蒙古文化的影響，採用由成吉思汗訂立、名為《大扎撒》的法典。馬木路克王朝統治埃及和敘利亞，直到西元一五一七年才被奧斯曼帝國所滅。

❖ 征服中國

第八階段是征服中國華中和華南。從窩闊台汗開始，蒙古多次發動對南宋的戰爭，西元一二七六年，忽必烈汗派遣的蒙古軍終於佔領杭州，南宋滅亡。這使得漢人皇帝的「正統」再度中斷，中國成為了遊牧帝國的一部分。與突厥、回鶻、契丹、金一同成長的另一個「正統」獲勝，吞噬了中國。

此外，在東亞地區，忽必烈汗於西元一二五三年征服了雲南泰族的大理王國。西元一二五九年，朝鮮半島的高麗王國投降。西藏在當時雖然沒有被統一，但西元一二六〇年，忽必烈汗指派自己信奉的佛教薩迦派祖師八思巴為統治西藏的代理人，於是八思巴一族的昆氏成為了西藏實質上的統治者。

就像這樣，東從日本海、東海開始，西至黑海、幼發拉底河、波斯灣，包括東亞、北亞、中亞、西亞、東歐，幾乎所有大陸地區全都在蒙古帝國的掌控之下。這是人類有史以來最大的帝國。

❖ 蒙古帝國的構造

蒙古帝國之所以可以不斷擴張的主要理由，在於自匈奴帝國以來的遊牧王權特徵。為了維持王權，君主必須不斷提供部下的遊牧戰士掠奪的機會，或是必須不斷地賞賜財物，以確保獲得眾人的支持。如果不這麼做，那麼獨立性強的部下們馬上就會轉而支持別的君主。因此，不斷地征戰，是滿足部下最快的方式。

蒙古帝國內部多數遊牧君主的封地並列，被稱為「兀魯思」（ulus）。一個兀魯思的構成包括專屬的遊牧民族集團和他們的家畜，以及可以從專屬的定住民徵收財物和勞力的特權。總共有四大兀魯思。東亞是忽必烈家的「大元」，也就是元朝；中亞是察合台家的「察合台汗國」；西亞是旭烈兀家的「伊兒汗國」；東歐則是朮赤家的「欽察汗國」。這些是最大的兀魯思，其他還有許多小的兀魯思。經常有人說「蒙古帝國分裂為四大汗國」，但這是不正確的說法。蒙古帝國從創立者成吉思汗的時代開始就已經有許多的兀魯思，就算是大汗，能夠直接統治的也只有自己直轄的兀魯思，而沒有介入其他兀魯思內政的權力。

由蒙古人組成的眾多兀魯思之所以能夠統合成為蒙古帝國，是因為蒙古人對成吉思汗人格的尊敬，以及相信成吉思汗被賦予神聖的天命，要來征服世界。成吉思汗就是蒙古帝國，蒙古帝國也就是成吉思汗。蒙古帝國全境堅守被稱為「成吉思汗原則」的思想，能夠繼承成吉思汗血統的只有父親方的男子，只有他們才有資格使用「汗」的稱號。為此，蒙古以前各個遊牧部族的名字或氏族全部消滅，取而代之的是蒙古的氏族名稱。也就是說，中央歐亞的遊牧民族幾乎全部被歸入蒙古人的社會組織當中，變成了蒙古人，只有吉爾吉斯人和土庫曼人是例外。原本阿爾泰山脈以西的蒙古人在進到西元十四世紀後改信伊斯蘭教，開始使用突厥語，然而，他們的思想依舊是蒙古人的思想，並沒有因此變成突厥人。

❖ 蒙古帝國創造的各國國民

蒙古帝國從西元十三世紀起留給後世的不僅僅是中央歐亞的遊牧民族。

歐亞大陸的定住民有很多也受到蒙古帝國的影響，逐漸演變成我們現在所看到的樣子。其中最明顯的例子就是現在的印度人、伊朗人、中國人、俄羅斯人與土耳其人。

成吉思汗的次男察合台，其子孫的領地從阿爾泰山脈一直到阿姆河為止，但西部領土在西元一三六〇年代被巴魯剌思氏蒙古人帖木兒所奪。帖木兒將根據地置於撒馬爾罕，四處征戰，在他這一代就已經在中亞建立起了大帝國。但因為他不是成吉思汗的子孫，因此不能使用「汗」的稱號。帖木兒死後，北方朮赤家的烏茲別克人南下，於西元一五〇七年滅了帖木兒帝國。帖木兒的子孫巴卑爾逃往北印度，以德里為根據地，建立了蒙兀兒王朝，這就是印度蒙兀兒帝國的起源。

「蒙兀兒」是「蒙古」的諧音，蒙兀兒帝國其實就是蒙古帝國。蒙兀兒帝國統合了印度大部分地方，到了西元一八五八年，蒙兀兒帝國最後的皇帝被英國所廢，維多利亞女王成了印度的皇帝。在英國統治之下，單一的總督府首度統合了印度半島全境，領土由西元一九四七年獨立的印度聯邦和巴基斯坦繼承。因此，現在南亞的這兩個國家都是蒙古帝國的繼承國。另外，巴

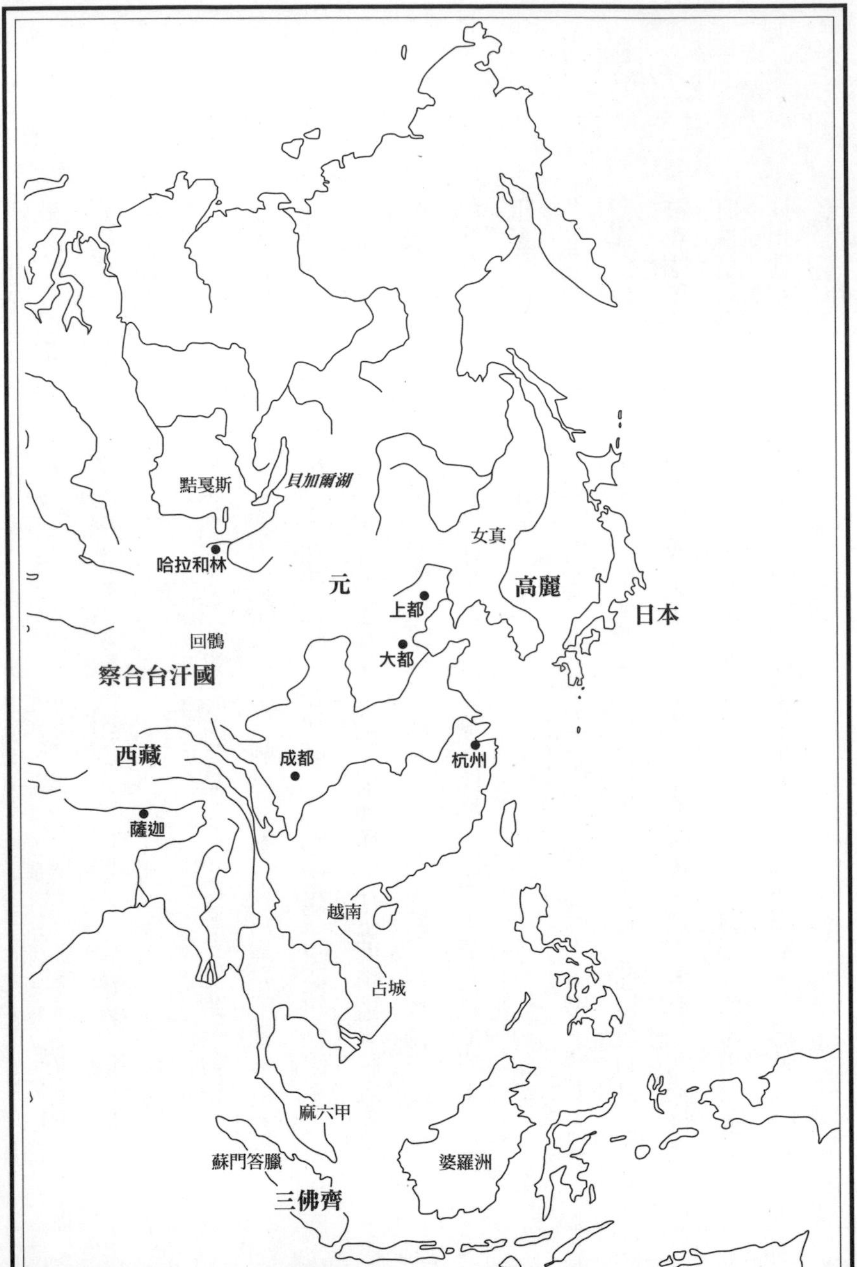

貝加爾湖
黠戛斯
哈拉和林
元
女真
高麗
日本
上都
大都
回鶻
察合台汗國
西藏
成都
杭州
薩迦
越南
占城
麻六甲
蘇門答臘
三佛齊
婆羅洲

西元十三至十四世紀的蒙古帝國

基斯坦國語之一的烏爾都語是蒙兀兒帝國的公用語。「烏爾都」代表遊牧君主宮廷的意思，是「斡魯朵」的諧音，也就是「宮廷」的意思。

在伊朗高原上，西元一三三五年，旭烈兀家的伊兒汗國血統中斷，內部紛爭不斷。西元十四至十五世紀伊兒汗國接受帖木兒帝國的統治。到了西元一五〇一年，南亞塞拜然什葉派伊斯蘭神祕主義教團教主伊斯瑪儀一世，受到土庫曼遊牧民族九部族的支持，在過去伊兒汗國根據地南亞塞拜然的大不里士即位，建立了薩非王朝。在此之前，伊朗人的居住地從伊朗高原一直到中亞的錫爾河為止，但隨著說突厥語的烏茲別克人南下，中亞的伊朗人被消滅，在中亞說著伊朗語的只剩下塔吉克人。就像這樣，薩非王朝的領土只有伊朗高原，決定了現在伊朗的國土範圍。因此，伊朗也是由蒙古帝國創建的繼承國之一。

❖ 蒙古的繼承國——中國

忽必烈家的元朝統治了蒙古高原、滿洲、朝鮮半島、中國、雲南、西藏。

西元一三五一年，在華中地區發生了漢人祕密結社的「紅巾之亂」。紅巾軍受到祆教千年王國思想的影響，是白蓮教徒的革命組織。到了西元一三六八年，紅巾軍出身的漢人朱元璋（明太祖）在南京即位當上皇帝，建立了明朝。同年，元朝皇帝烏哈噶圖汗（元順帝）放棄中國，退回了蒙古高原。然而，元朝並非就此滅亡。蒙古高原上的蒙古人依舊擁戴成吉思汗家的大汗們，使用「大元」的國號。他們不承認明朝的皇帝，稱明朝的中國為「領民的兀魯思」，持續對立。

明朝雖然自稱是元朝正統的繼承者，但統治的範圍只有中國和雲南，事實上僅是漢人的王國，並非如元朝般的大帝國。朝鮮半島獨立建立朝鮮王國。明朝將軍事基地設在南滿洲遼河三角洲，是為了阻擋蒙古高原和朝鮮半島之間的聯繫，並不代表滿洲是中國的一部分。明朝所建的萬里長城只到山海關為止，遼河三角洲並不包含在內，這就是最好的證據。

明朝的確復興了漢人的中國，但所復興的中國並非過去宋朝的中國，而是經過蒙古化的中國。明朝的制度全都受到蒙古的影響。全國人口被分類為「軍戶」和「民戶」。軍戶是世襲的職業軍人家族，民戶則是一般人的家族。

這是遊牧民族和定住民的二重組織，自從契丹帝國以來就沒有改變。軍戶的城市稱作「衛」（軍團），民戶的城市則稱作「縣」。衛之下有五個「千戶所」（千人隊），千戶所之下有五個「百戶所」（百人隊）。這是自匈奴以來，遊牧民族的十進制組織法。民戶也利用十進法編制，相當於百戶所的是「里」，之下有十個「甲」。明朝的皇族率領軍隊在中國各地為王，這也是蒙古的兀魯思制度。就像這樣，明朝的制度在中國史無前例，是蒙古帝國留下的遺產。

❖ 蒙古與儒教

另外，甚至連明朝公認的朱子學儒教，其實也是蒙古帝國的遺產。儒教在黃巾之亂、東漢垮台之後失去了權威，作為一個宗教，實際上已經消滅。然而儒教留下的經典從隋朝開始成為了科舉考試的出題範圍。漢字原本沒有詞性、性別、數量、格或時態之分，用漢字所寫下的漢文也沒有文法。如果想要解讀漢文，除了參考古典中熟語的用例外別無他法。中國沒有共通的口說語，漢文是唯一的溝通手段。因此，對於統一中國的隋朝而言，需要大量熟知漢字使用方式的官員，科舉考試就是為了要錄取這些官員，因此作詩、作文的能力成了考試的項目。作詩主要看的是押韻與平仄，測試考生是否正確知道漢字的讀音。至於作文，則在測試考生是否熟記大量的古典文書。唐朝為了科舉的考生編纂了儒教經典公認的注疏，這些注疏被稱為「正義」。

另外，在中國取代儒教盛行的宗教是崇拜祕密結社眾神的道教，以及外國居民的佛教。道教與佛教從南北朝時代開始直到唐朝，相互激烈競爭，最後獲勝的是道教。而佛教自從遭到西元八四五年的大迫害（會昌法難，「武宗滅佛」）之後，從此在中國再也沒有成為主流宗教。道教綜合佛教和儒教的教義，創造出了龐大的體系。而宋代興盛的新儒學，也就是所謂的宋學，完全借用了道教的體系，只是將術語改成儒教經典中的熟語而已。完成宋學的是出生於南宋時代的朱熹。然而，朱熹的朱子學推翻了科舉用經典公認的注疏，因此被認為是異端，遭到迫害，在南宋時代終究未能獲得承認。

保護朱子學的是對任何宗教都十分寬容的蒙古人。元朝在西元一三一四年重開科舉考試之時，朱熹的經典注疏，首度被列入考試的範圍。明朝承認了朱子學，在科舉方面給予朱子學一定程度的地位，這完全是模仿元朝的作法，並非復興了中國文化的傳統。

❖ 清朝復興蒙古帝國

明朝於西元一六四四年亡於內亂，取而代之的是滿洲人的清朝，進入北京統治中國。滿洲人就是以前的女真人。女真人的金朝在被蒙古人滅亡後，女真人依舊住在滿洲的森林地帶，接受蒙古帝國的統治。元朝退回蒙古高原之後，明朝將軍事基地設在南滿洲的遼河三角洲，授予女真人首領將校的職位，藉此拉攏女真人。擔任建州衛都指揮使一職的努爾哈赤（清太祖）便是其中一人。他在明軍司令官的庇護之下逐漸統一女真人，於西元一六一六年宣布獨立，自稱後金汗國的大汗，與明朝開戰，佔領了遼河三角洲。努爾哈赤的兒子皇太極（清太宗）繼承父業，於西元一六三五年派軍征服了內蒙古。元朝最後的正統林丹汗病死，皇后和皇子捧著過去元朝皇帝的玉璽向皇太極投降。如此一來，皇太極認為自己繼承了成吉思汗以來蒙古帝國征服世界的天命，於是於隔年在瀋陽登基，當上了大清皇帝。這就是清朝的建國。八年後明朝滅亡，清朝征服了中國。

滿洲人的清朝在西元十八世紀統治了滿洲、中國、蒙古高原、準噶爾盆地、塔里木盆地以及西藏。雖然經常有人誤解，但其實清朝並非中國的王朝，中國不過是清帝國的殖民地之一。在大清帝國，各民族適用不同的法律。滿洲人有《八旗則例》、蒙古人有《蒙古例》、西藏人有《西藏事例》、塔里木盆地中說突厥語的伊斯蘭教徒則有《回疆則例》，各自有各自的法律，而《大清律例》是適用於漢人的法律。大清帝國的第一公用語是滿洲語，皇帝與各民族之間的往來原則上使用滿洲語，漢文只有在統治中國的時候使用。

清朝的皇帝對漢人而言是皇帝，對其他民族的人而言，是自蒙古帝國以來的大汗。北京連接蒙古高原和華北平原，是皇帝冬天的營地。到了夏天，皇帝會前往承德避暑，在那裡住在移動式的斡魯朵中，騎馬狩獵，展現遊牧民族首領的一面。

西元一九一一年，中國發生辛亥革命。隔年，清朝最後的皇帝宣統帝退位，大清帝國瓦解。漢人的中華民國主張自己是繼承清帝國統治權的正統政權，然而，無論是蒙古人還是西藏人，至今從來沒有受過漢人的統治，當然不會承認中華民國的統治權。外蒙古的蒙古人選出庫倫（今烏蘭巴托）的高僧哲布尊丹巴呼圖克圖八世為領袖，宣布獨立。西藏的達賴喇嘛十三世也發表獨立宣言，與蒙古彼此承認對方的獨立。無法獨立的是在俄羅斯與日本勢力之下的滿洲，以及受到漢人開發的內蒙古。至於新疆（準噶爾盆地和塔里木盆地）也因為太過偏遠，中華民國無暇顧及，因此，中華民國實際上是僅掌管中國的共和國。

相較於中華民國，西元一九四九年成立的中華人民共和國統治了過去大清帝國的所有領土。唯一的例外是外蒙古（蒙古國）依舊保持獨立。西元一九五〇年，中華人民共和國以西藏自古以來就是中國的領土為由，強調主權的合法性，無視當地住民的意願，以武力合併了西藏。中華人民共和國雖然主張西藏在元朝和清朝時代是中國的一部分，但這並不是事實，在理論上站不住腳。元朝和清朝雖然都是統治中國的王朝，但兩者皆不是中國的王朝。再加上，兩者從來不曾直接統治西藏，更不用說讓漢人統治西藏。蒙古的大汗與清朝的皇帝站在保護西藏佛教的立場，從不介入西藏的內政，而是讓西藏人自行管理。如果硬要拉出元朝時代的關係，那麼現在的蒙古國才是真正有立場可以向中華人民共和國主張擁有中國的主權。無論如何，中華人民共和國搬出的這套理論，証明了中華人民共和國是蒙古帝國以及大清帝國的繼承國，否則將無法解釋現在的領土統治權。

也就是說，中國也是由蒙古帝國打下基礎的國家，是蒙古帝國的繼承國。

❖ 蒙古的繼承國——俄羅斯

俄羅斯也是蒙古的繼承國。俄羅斯是從斯堪地那維亞而來的羅斯人，統治東斯拉夫人與芬蘭人所建立的國家。然而，羅斯人沒有統一，而是由留里克的公爵們分別掌管各自的城市，西元一二三七年遭到蒙古人入侵。之後，羅斯人臣服於金帳汗國的大汗們，開始了五百年所謂「韃靼之軛」的年代。「韃靼」是俄羅斯語，指的是說突厥語的伊斯蘭教徒蒙古人。

在蒙古的統治之下，羅斯的文化發展快速。由於蒙古人徵收人頭稅，因此每一個人都有戶籍，並設有徵稅官和駐紮部隊。羅斯人的城市在此時首度出現了徵稅和戶籍制度，擁有自己的行政機關。羅斯的貴族們趁著前往金帳汗國執行政務的期間，享受大汗宮廷的高水準生活，對蒙古文化充滿嚮往。他們為了超越其他羅斯人，因此十分熱衷於與蒙古人聯姻，結成親戚。另外，有很多與其他蒙古人競爭失敗的蒙古貴族前往羅斯的城市避難，成為羅斯的座上賓。不僅是政治，就連軍事，羅斯的騎兵在編制、裝備以及戰術等層面都採用蒙古的模式。唯有在宗教，羅斯人沒有接受蒙古人的伊斯蘭教，維持了自己的俄羅斯正教。也正因為蒙古人對所有宗教都十分寬容，免除了教會與修道院的稅並加以保護，俄羅斯正教才能夠如此普及。羅斯接受蒙古人的統治五百年，幾乎完全蒙古化，這就是俄羅斯文明的基礎。

莫斯科在西元一二三七年蒙古大軍入侵時還只是一個小小要塞，連名字都叫不出來，直到西元十三世紀末才逐漸成長。西元十四世紀初，莫斯科公爵伊凡一世接受金帳汗國月即別汗的庇護，西元一三二八年被授予大公的地位，成為了羅斯公爵們的領袖，負責徵稅。根據俄羅斯教會的編年史的記載，西元一三八〇年，金帳汗國發生內亂，莫斯科大公德米特里與覬覦汗位的克里米亞蒙古貴族馬麥在頓河上游的庫里科沃大戰，結果德米特里大獲全勝。這場戰役是俄羅斯在「韃靼之軛」下最初的勝利，但這場著名的庫里科沃戰役在同時代各國間交換的外交文書中，卻完全沒有被提及，因此其真實性十分可疑。就算確有此事，應該也只是一場非常小的戰役。

當時爭奪莫斯科與羅斯霸權的大國是立陶宛。立陶宛的雅蓋沃大公與波蘭女王結婚，成為了基督教徒，並兼任波蘭國王。進入西元十五世紀，雅蓋沃的表弟維陶塔斯大公將立陶宛的領土向東和南擴張，統治了從波羅的海到黑海的廣大地方。這個時代，在立陶宛統治之下的羅斯是現在的白俄羅斯人，而在波蘭統治之下的羅斯則是現在的烏克蘭人。朮赤家的皇子哈吉格來，受到維陶塔斯大公的保護，於西元一四四九年，在立陶宛和波蘭的支持之下，成為了克里米亞汗國的大汗。四年後，奧斯曼帝國攻打拜占庭，滅了東羅馬帝國。哈吉格來汗的兒子明里格來奪取金帳汗國的汗位，將金帳汗國往伏爾加河方向西移，與克里米亞合併。俄羅斯的歷史學家將西元一五〇二年發生的事稱作「金帳汗國的滅亡」，然而事實上剛好相反，金帳汗國的勢力因此達到前所未有的高峰。

當時的莫斯科大公是伊凡三世，正忙著合併羅斯各公爵的領土，進行統一。西元一五五二年，伏爾加河中游的喀山（今韃靼斯坦共和國的首都）汗國發生內鬥，其中一派向伊凡三世的孫子伊凡四世求援，伊凡四世就這樣正大光明地進入了喀山，賴著不走。俄羅斯的歷史學家稱「伊凡雷帝將俄羅斯從韃靼之軛中解放」，但事實上，伊凡四世並非是透過堂堂正正的戰爭，而是用拐騙的方式取得喀山。俄羅斯歷史家還說伊凡四世在接下來的西元一五五六年滅了伏爾加河下游的「阿斯特拉罕汗國」。但事實上，阿斯特拉罕汗國只是移到了布哈拉（烏茲別克斯坦的城市）而已，並沒有滅亡。

儘管如此，伊凡四世除了「全羅斯大公」的稱號之外，又多了「喀山和阿斯特拉罕的沙皇」稱號。俄羅斯語的「沙皇」（tsar）來自於拉丁語的「*caesar*」，指的不是羅馬帝國的「皇帝」，而是蒙古語的「汗」。另一方面，強大的克里米亞金帳汗國在西元一五七一年進攻莫斯科，要求莫斯科進貢。此後的莫斯科一直到西元十七世紀末為止，都持續向克里米亞進貢。

伊凡四世在西元一五七五年讓朮赤家的皇子西美昂・貝克布拉托維奇（蒙古名為薩因布拉特）坐上克里姆林宮的寶座，擁戴他為全羅斯的沙皇（汗）。隔年，伊凡四世接受西美昂・貝克布拉托維奇的讓位，自己重新當上了沙皇。伊凡四世之所以會採取這麼麻煩的手段，是由於如果遵照「成吉思汗原則」，則非擁有成吉思汗血統的男子不能當大汗（沙皇），因此伊凡四世才會採用接受蒙古皇子禪讓的形式，賦予自己坐上莫斯科沙皇位置的正統性。如此一來，莫斯科大公首度成為全羅斯的大汗，與蒙古帝國其他的大汗們平起平坐，這就是俄羅斯帝國的起源。

伊凡四世死後不久，留里克家的血統中斷，蒙古人的貴族鮑里斯·戈東諾夫當上了沙皇。鮑里斯·戈東諾夫沙皇於西元一六〇五年死去，西元一六一三年米哈伊爾·羅曼諾夫被選為沙皇，建立了羅曼諾夫王朝。他是首位既非留里克家羅斯人也非朮赤家蒙古人的沙皇。從這裡開始可說是進入了俄羅斯的時代。然而，羅曼諾夫王朝的俄羅斯宮廷內，依舊有許多蒙古貴族。米哈伊爾·羅曼諾夫的孫子彼得一世是俄羅斯從克里米亞的金帳汗國獨立後的第一位沙皇，西元一七二一年，採用了「皇帝」（*imperator*）的稱號。

金帳汗國是在西元一七八三年滅亡，凱薩琳二世吞併了克里米亞。從西元一二三七年拔都率領蒙古軍隊入侵羅斯開始，一直到金帳汗國滅亡為止，經過了五百四十六年。西元一九四五年，史達林摧毀了克里米亞自治共和國，流放了當地的韃靼人，而這些韃靼人正是金帳汗國的蒙古人後裔。

自沙皇伊凡四世以來，俄羅斯（羅斯）開始向東方的西伯利亞入侵。事情的開端發生在西元一五八一年，哥薩克人的葉爾馬克佔領了西伯利亞庫楚汗的城市。之後不到七十年的西元一六四九年，俄羅斯已經擴展到鄂霍次克海和白令海，主要是利用水路向森林地帶推進。實際執行俄羅斯帝國東進的哥薩克人並不是斯拉夫人。哥薩克人是頓河下游流域的草原遊牧民族，屬於改信俄羅斯正教的韃靼人，也就是蒙古人。因此，將俄羅斯向東推展的實際上是蒙古人的後裔，可以視為蒙古人試圖恢復過去蒙古帝國的領土而採取的行動。征服西伯利亞森林地帶的行動還算容易，相較之下，征服西突厥斯坦朮赤家族各國就花了很長的時間，直到西元一八六〇至七〇年代才終於大功告成。總而言之，西元十三至十四世紀的蒙古帝國西半部屬於俄羅斯帝國，而東半部則屬於大清帝國的領土。因此，俄羅斯充其量不過是蒙古帝國的繼承國，到西元十八世紀彼得一世的時代為止都是蒙古文明的一環，與地中海世界和西歐世界幾乎完全隔絕。

❖ 奧斯曼帝國——民族主義

現在的土耳其共和國與西亞、北非的阿拉伯各國都是在第一次世界大戰之後，英國和法國切割奧斯曼帝國後所創造的國家。建立奧斯曼帝國的奧斯曼家族出身於西元十三世紀駐紮安那托利亞的蒙古軍。奧斯曼家族代代與東羅馬帝國交戰，西元一三六五年橫渡博斯普魯斯海峽，以靠近歐洲的愛第尼為首都。西元一四五三年，奧斯曼帝國進攻拜占庭（伊斯坦堡），滅了東羅馬帝國後遷都拜占庭。西元一五一七年，滅了馬木路克王朝，合併埃及，統治權遍及巴爾幹半島、東地中海、西亞以及北非。在巴爾幹地區，蘇丹蘇萊曼一世於西元一五二六年的莫哈奇之戰中收服匈牙利，又於西元一五二九年親自包圍維也納，震撼了整個歐洲。就像這樣，奧斯曼帝國一步步地完成蒙古伊兒汗們的目標。

奧斯曼帝國的全盛時期大約維持了一百五十年。西元一六八三年，第二次圍剿維也納失敗，失去了匈牙利，自此之後開始走下坡。西元十八世紀，西歐開始佔上風，終於在第一次世界大戰敗戰後，奧斯曼帝國遭到了解體的命運，只剩下安那托利亞地區。然而，於西元一九二三年，穆斯塔法．凱末爾．阿塔圖爾克（Mustafa Kemal Atatürk）在安卡拉發動獨立戰爭，西元一九二三年建立了土耳其共和國，成為了第一任總統。在此之前的奧斯曼帝國，其共通語雖然是土耳其語（突厥語），但奧斯曼混雜了許多不同民族，大家都不認為自己是土耳其人。「土耳其」含有鄉下人的意思，反而被當作貶低人的稱呼。然而，凱末爾為了維持國家獨立，以土耳其民族主義為口號，積極推動非奧斯曼化的改革運動，主張土耳其共和國的國民是純粹的土耳其民族，這些完全與事實相反。

「民族」是西元十九世紀才產生的新觀念。現在世界通用的「國家」本身也是新的觀念，古代相當於國家的是君主財產的觀念。法國革命後，從領地、領民中拿掉君主的「國家」觀念才首度成形，取代君主處於核心地位的是「公民」（citoyen），誕生了公民才是國家主權者的觀念。與眼睛可見、擁有明顯人格特質的君主不同，所謂的公民很難掌握，到底誰是公民、誰又不是公民，之間的區分非常模糊。因此，取代「公民」的是擁有共同國土、共同國語的「國民」（nation）。民族所構成的「國民國家」（nation state）才是真正國家的思想（國民主義，Nationalism）逐漸成形，就好像法國革命以前君主的領地和領民實際上已經是「國民國家」一般。

如此一來，必定會出現想要建立民族國家卻又尚未能實現的一群人。這些人在日文稱作「民族」，這是西元二十世紀初日俄戰爭後日本創造出的詞彙，歐洲並沒有相當於民族的詞彙。現代中文中的「民族」是借用日文而來。日本國民所有人都擁有相同的血統，稱作「大和民族」。「民族」這個詞是在長久以來保持孤立的日本才得以成立的特殊觀念。為此，在國土上獲得國民的認可，建立國家的「國民主義」，在日本被翻譯為「民族主義」。

民族原本是沒有實體的觀念，民族主義的意識型態普及之後，說著同樣語言的「民族」全被歸屬為擁有相同祖先血統的「同胞」，完全無視於過去的事實。實際上，語言不是遺傳的東西，只要是人類，都有能力說任何一種語言。例如，愛爾蘭人以前屬於凱爾特語系人，說著蓋爾語，而現在說的則是屬於日耳曼語系的英語。然而，我們不會因此說凱爾特語系人的愛爾蘭人變成了日耳曼語系人。什麼語系的人指的是語言的系統，與使用這種語言的人的血統無關。然而語言的系統經常與血統混淆。

拜凱末爾鼓吹的土耳其民族主義所賜，出現了既然安那托利亞的土耳其共和國國民是純粹的土耳其民族，那麼大家應該團結一致保衛國家的主張，同時也誕生了在廣大中央歐亞各地方說著土耳其語（突厥語）的人們皆是單一土耳其民族的思想。但這個單一土耳其民族的思想與事實相反。的確，突厥語在西元七世紀成為蒙古高原上後突厥帝國的公用語，之後千年以上的時間，有非常多民族採用突厥語為公用語。然而，這些民族的起源繁雜，在族譜上不見得每一個民族都擁有相同的血統。在出現民族觀念前之前，說到「突厥人」，指的僅是說突厥語的人，然而自西元十三世紀的蒙古帝國起的時代，在伊斯蘭的世界中，「突厥人」和「蒙古人」變成了同義語。直到西元十九世紀，西歐的比較言語學發達，與印歐語系做區別，有些語言歸在突厥語系，有些語言歸在蒙古語系之下。因此，土耳其共和國的土耳其人，他們的身分完全是奧斯曼帝國歐洲化後的產物。

現代世界的印度人、伊朗人、中國人、俄羅斯人、土耳其人的國民全都是蒙古帝國的產物，也是蒙古帝國留下的遺產。不僅如此，現代世界經濟指導原則的資本主義也是蒙古帝國的遺產。

❖ 蒙古與資本主義經濟

蒙古帝國由多個兀魯思構成，他們的共同點在於相信成吉思汗被授予的天命，遵守成吉思汗的《大扎撒》法典，擁戴成吉思汗的男性子孫為汗。蒙古帝國的文明延續自契丹帝國，結合遊牧型政治與定住型的經濟。蒙古大征服的結果是，歐亞大陸各角落的交通都變得很方便，相同的文明與系統得以普及，連接各地的經濟活動十分發達。在金帝國的華北地區建立起的信用交易與資本主義經濟，趁勢擴展到蒙古世界各地，也帶給了與蒙古相鄰的西歐莫大的影響。蒙古帝國強盛的西元十三世紀，在地中海世界，掌握黑海與東地中海貿易權的威尼斯出現了歐洲最早的銀行。從威尼斯越過阿爾卑斯山，資本主義的經營型態擴展到了西歐地區。這也是因為蒙古帝國的建立才有可能發生的事。

值得一提的是，世界最早成功發行紙幣的是蒙古人。元朝的忽必烈汗為了蓬勃發展的遠距離貿易的計算方便，於西元一二七五年發行了世界最早的法定紙幣。這是元朝唯一的法定貨幣，除了紙幣之外不使用金幣、銀幣或銅幣。蒙古紙幣的信用高，流通順暢，價值安定，通貨膨脹的程度也不高。然而，西元一三五一年紅巾之亂後，爆發了惡性通貨膨脹，紙幣的信用暴跌。從元朝手裡奪回中國的明朝雖然仿效元朝發行紙幣，但漢人明朝的信用遠不及蒙古人的元朝，紙幣完全無法流通，中國的經濟也停滯不前。等到西元十六世紀中葉，西班牙人沿著太平洋航路到達菲律賓，墨西哥產的銀大量流往中國，白銀成了主要的貨幣，之後明朝中國的經濟才逐漸好轉。光從通貨制度也可以看出蒙古帝國對現代世界的影響有多麼深遠。

❖ 大陸帝國與海洋帝國

蒙古帝國的弱點在於它是一個大陸帝國。陸上運輸的成本比水上運輸高出許多，距離愈遠，差異愈大。關於這一點，海洋國家只要確保港口，用比陸軍規模小的海軍維持海上的控制權，就可以用低價成本在短時間內運送大量物資，經營貿易獲得廣大的利益。這就是蒙古帝國外圍的各國開始進入所謂大航海時代的原因。

在西歐，所謂的大航海時代一般是從西元一四一五年葡萄牙人進攻直布羅陀對岸的休達，確保非洲大陸西海岸航路開始算起。西元一四九七年，葡萄牙人繞非洲南端進入印度洋，隔年抵達印度，西元一五一一年滅了馬來半島的麻六甲蘇丹王朝，以此為根據地進入南海，於西元一五一七年抵達中國。緊接在葡萄牙人之後，西班牙人從大西洋繞南非大陸南端，於西元一五二一年抵達菲律賓，西元一五七一年建設了馬尼拉。然而，位於蒙古帝國東側的日本早在葡萄牙人進攻休達前半世紀，就已經進入了大航海時代。東海的貿易在西元十三世紀蒙古帝國出現之前，都是由中國的商船獨佔。到了西元一三五〇年，被稱為倭寇的日本海賊開始在朝鮮半島沿岸作亂，之後又移到中國大陸沿岸。倭寇沿著東海漸漸南下，與華南海岸的中國海賊會合，在西元十六世紀葡萄牙和西班牙人到達中國的同一時期，倭寇的勢力達到了巔峰。這些都訴說著大陸帝國時代的凋零，取而代之的是海洋帝國時代。

西元二十世紀末，世界的三大勢力分別是美國、日本，以及以德國為首的歐盟。這些國家的本質都是海洋國家。美國雖然看起來像是大陸國家，但實際上美國的文明集中在大西洋和太平洋沿岸，中間的大陸地區幾乎是空

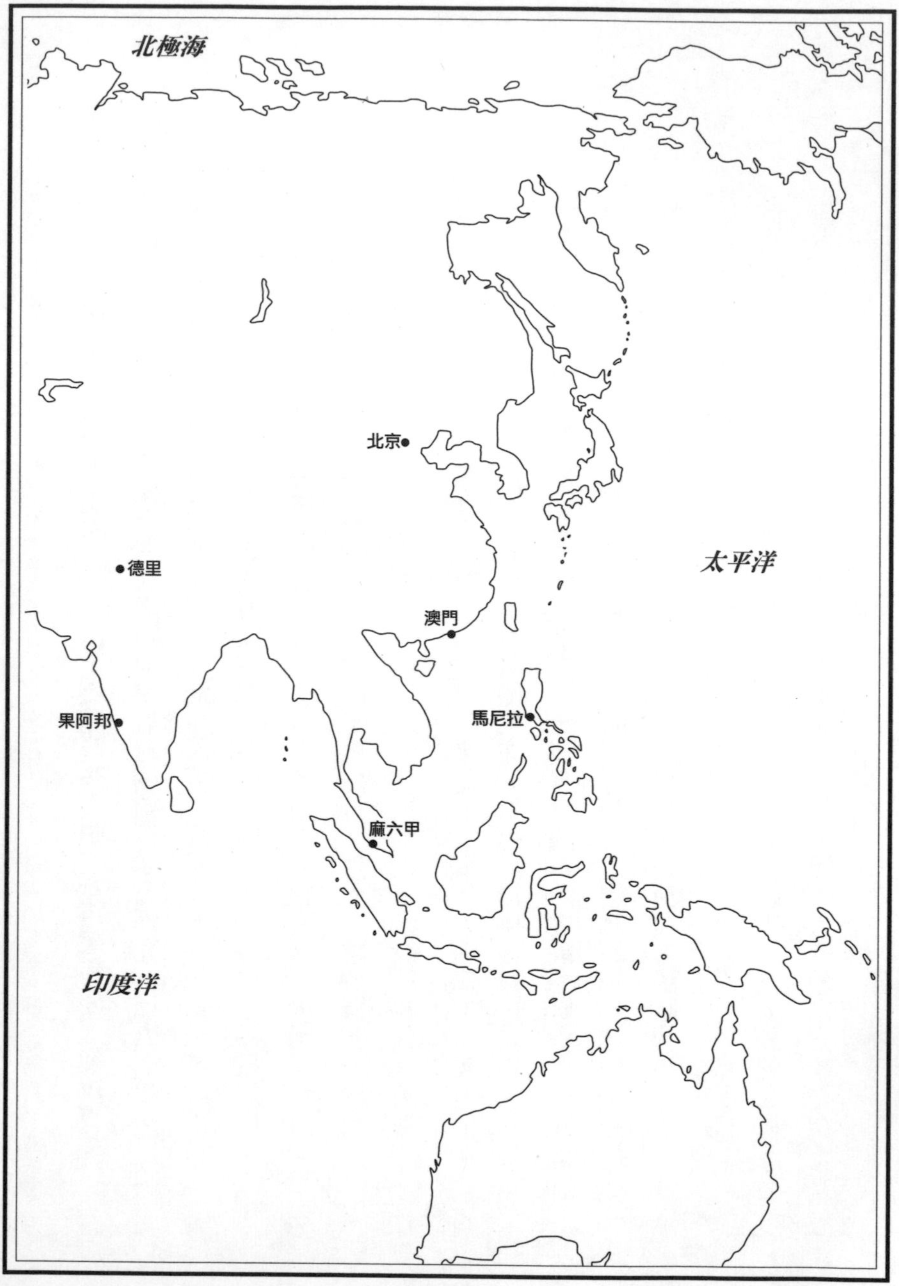
北極海
北京
太平洋
德里
澳門
果阿邦
馬尼拉
麻六甲
印度洋

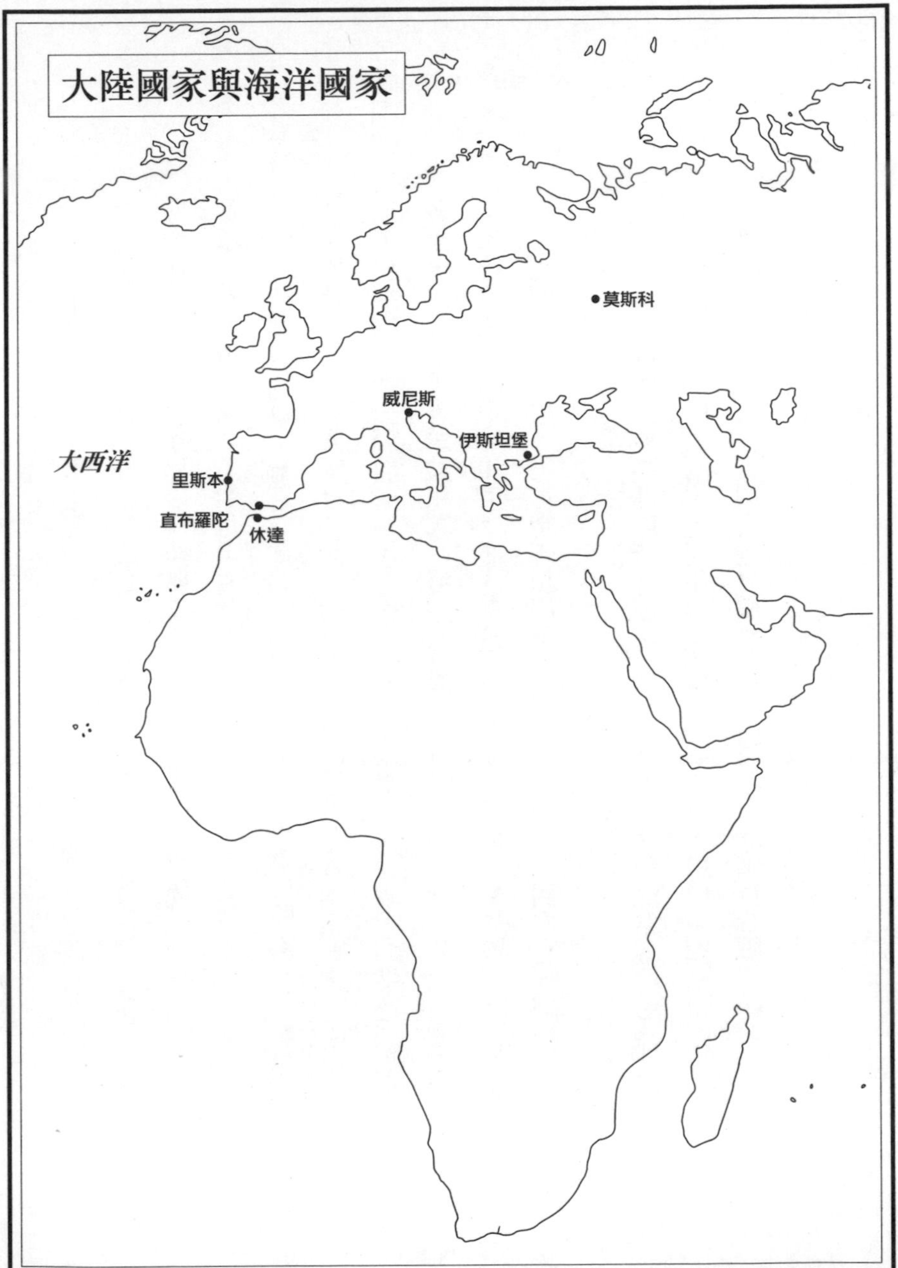
大陸國家與海洋國家
莫斯科
威尼斯
伊斯坦堡
大西洋
里斯本
直布羅陀
休達

白，且稱霸世界的根源是壓倒性的海軍軍力。日本無疑是一個海洋國家，第二次世界大戰後日本經濟的成功，最主要的原因在於有效利用海運，從事資源的輸入和製品的輸出。在西歐，大西洋出口量大的國家分別是英國、法國、德國，他們依序成功工業化，成為歐盟的核心國家。

值得注意的是，無論是美國、日本還是歐盟，這些國家過去都是在蒙古帝國統治的外圍逐漸發展而成的勢力，也同樣是在資本主義之下成功的國家。相反的，過去屬於蘇維埃社會主義共和國聯盟（蘇聯）的俄羅斯聯邦等各國，以及中華人民共和國，這些都是蒙古帝國的繼承國，分別佔據了蒙古帝國統治圈的西半部和東半部。不過，由於他們長久以來都屬於社會主義國家，經濟同樣失敗。蒙古帝國和繼承國的社會主義之間到底有什麼樣的因果關係呢？

無論是蘇聯原型的俄羅斯帝國，還是中華人民共和國原型的大清帝國，都不是先住民的國民國家，而是遠離先住民的政權。構成帝國的眾多民族，他們的代表各自向皇帝個人發誓服從，以這樣的方式維持帝國的統合。除此之外，在俄羅斯帝國，無論是什麼民族出身的人，只要改信俄羅斯正教就是俄羅斯人，發誓效忠皇帝。

這樣的俄羅斯和中國在西元二十世紀時發生革命，皇帝制度被推翻之後，在此之前以皇帝的人格為中心而得以維持的領土與領民，由新的共和國繼承，必須要用其他原理來抑制盛行的民族主義，以避免分裂、維持統合。這時派上用場的就是馬克思主張的階級鬥爭理論。階級的對立優先於民族的差異，同一階級的利害關係超越了民族。以這樣的馬克思主義為基礎，西元一九二二年十二月列寧所制定的聯邦制度當中，各民族各自組成共和國、自治共和國、自治州、民族區，與代表各自勞動者和農民階級的共產黨連動，進行獨裁統治。有趣的是，俄羅斯——也就是蘇維埃社會主義共和國聯盟（現在的俄羅斯聯邦）——沒有自己的共產黨，全聯邦共產黨兼具俄羅斯共產黨的角色。這個制度以馬克思的無神論為國教，否定了俄羅斯正教，這使得俄羅斯民族失去了身分認同的根據。

日本敗戰之後，中華人民共和國以軍事力統合了過去大清帝國的統治圈，他們模仿蘇聯的聯邦方式，為了統治非漢人的地帶，設置了與省並列的大自治區，中國共產黨名曰自治委員會的組織裡以當地人作為名目上的主席。無論是蘇聯還是中華人民共和國，在沒有皇帝的情況之下，為了維持統合帝國的正當性，必須編造一個超越民族、聯合勞動者和農民階級的組織。然而，社會主義無論是在政治制度還是經濟制度上都已經崩壞，蘇聯共產黨和蘇維埃社會主義共和國聯盟於西元一九九一年滅亡。與其說滅亡的原因在於社會主義本身，更應該說大陸國家在經濟成長競爭中輸給了高效率的海洋國家。社會主義是為了抑制民族主義、維持舊俄羅斯帝國統合而導入的原理，因此，在放棄社會主義之後，如果沒有找到可以取代的新的原理，那麼聯邦解體、民族共和國各自獨立，也是當然的結果。大陸國家的中華人民共和國也是如此，自從西元一九八九年天安門事件以來，經濟成長停滯，政治面也出現了末期的徵兆。

社會主義消逝後的俄羅斯與中國，首先資本主義在這兩個國家都不可能成功，經濟成長也無法追趕先進國家。俄羅斯人與中國人都住在中央歐亞草原之道兩端的地區。為此，兩國國民在國民形成以前，不斷地受到草原遊牧民族的入侵與統治，受到深刻的影響，也造就了兩國現在的模樣。長久以來，俄羅斯和中國的統治階級皆是外來民族，俄羅斯人和中國人充其量不過是被統治階級。為此，俄羅斯人和中國人的性格傾向不負責任且無秩序的無政府主義，必須用強權壓制以維持社會秩序。這樣的性格不適合以個人的自發性和責任感為前提的資本主義。這也是蒙古帝國統治的後遺症。

西元一二〇六年成吉思汗即位後開始的蒙古帝國，留給了現代世界各種遺產，可以說，是蒙古帝國創造了世界。

第七章

從東洋史與西洋史到世界史

❖ 日本史、東洋史、西洋史的三大領域

現代日本的歷史學可分為日本史、東洋史與西洋史三大類，彼此之間的區隔明確。這是在歐洲的歷史學中所看不到的現象，之所以會有這樣明顯的區隔，與日本的大學制度有直接的關係。

現在東京大學的前身是「帝國大學」，於西元一八八六（明治十九）年創立。隔年，帝國大學邀請猶太裔德國人路德維格．里斯教授，在文科大學（文學部的前身）開設「史學系」。里斯是德國歷史大師利奧波德．馮．蘭克的弟子，他將重視實證的蘭克學派歷史學首度移植日本，帶進了自己在東京新創立的史學系中。

兩年後的西元一八八九年，與史學系並列，文科大學另外開設了「國史系」。從這裡可以看出，在日本的大學制度中，從一開始就將西歐的「史學」與以日本史為對象的「國史學」視為兩種不同的學問。之後，與國史系、史學系並列，據說另外又開設了以中國史為對象的「漢史系」。到了西元一九〇四年，國史、史學、漢史三系被整合為新的「史學系」，當中又分有「支

那史學」和「西洋學」兩個領域。之後的西元一九一〇（明治四十三）年，「支那史學」改名為「東洋史學」。如此一來，國史、東洋史、西洋史的三大領域就到齊了。文科大學後來改為文學部，單一的史學系又在西元一九一九（大正八）年時分為國史學系、東洋史學系、西洋史學系三個獨立的科系。

問題在於，日本為何需要區分這三個科系呢？這是因為屬於日本歷史學研究對象的日本文明、中國文明、地中海文明，這三大文明擁有完全不同的歷史文化。歷史學原本應該站在一元的世界觀上，但由於受到三大文明根本性差異的牽絆，根據不同領域採用了不同的形式。

歷史屬於文化。孕育出地中海文明的歷史與孕育出中國文明的歷史，各自蘊含了各個區域特有文化的特徵，都是從自己的區域看世界。最初創造歷史的歷史家，他們出生的年代與最初想要寫下歷史的動機，決定了歷史的架構。

這就是歷史最初的特徵。歷史在成立之初，只有作者自己的區域才是值得被稱為世界的地方，然而對於認為地球整體才是世界的現代人而言，完全仰仗既成的地中海型或中國型的歷史架構來書寫世界史，在敘述世界史的層面上完全沒有意義。如果不想拘泥於這些既成的架構，而現在又尚未找出屬於世界史的新架構，則在這樣的情況之下，世界史是無法成立的。事實上，現在的「世界史」也並不成立。

無論是用西元前五世紀時希羅多德所創造出的地中海型歷史觀，還是用西元前二世紀末時司馬遷所創造出的中國型歷史觀，都不足以解釋現實的世界史。其實冷靜想一想就會知道這是理所當然的事，但大多數的日本歷史學者卻依舊努力試圖用舊有歷史觀解釋世界史，這些只是徒勞無功，終究無法得到令人滿意的結果。

❖ 日本史的特徵

國史學系研究的日本史從西元八世紀的《日本書紀》開始，一直到西元十七世紀至二十世紀初持續編纂的水戶藩《大日本史》為止。「正史」的架構在日本根深蒂固，想要跳脫出來十分困難，幾乎是不可能的事。古文書的研究等僅是用來輔助正史，而不是從正史中完全獨立出來的研究領域。

決定日本正史架構的是日本最初的歷史——《日本書紀》。從西元六六八年日本建國當時起，日本文明就已經有《日本書紀》這樣具代表性的完整歷史，這是因為日本文明是從有歷史文化的中國文明中獨立且與之對抗的文明。

日本列島的倭人們從西元前一〇八年漢武帝滅了大同江畔的朝鮮王國，在朝鮮半島設置真番郡、樂浪郡等四郡的時候開始，就被納入了以皇帝為頂點的中國文明圈之中。然而，西元四世紀的五胡十六國之亂讓中國有一段時間沒有了皇帝，東北亞的諸王國紛紛從中國獨立，在日本列島的難波地區，也出現了河內王朝（仁德至清寧天皇）的倭王。河內王朝之後由播磨王朝（顧宗至武烈天皇）繼承，之後再由越前王朝（從繼體天皇起）繼承。這個時代，倭王可以直接統治的範圍僅限京畿的中心部，並沒有統治日本列島整體。倭王的同盟國百濟王國於西元六六〇年被唐朝和新羅的聯軍殲滅。倭人雖派兵援救百濟，但終告失敗。西元六六三年在白村江敗戰之後，倭人被趕出了朝鮮半島，成為了當時世界的孤兒。在這樣的危機之下，日本列島的倭人與華僑為了自衛，以倭王家為中心，團結一致，建立了統一王國。西元六六八年，天智天皇在首都大津即位，制定了最初的成文法典《近江令》。在這法典的規範之中，倭王對外自稱「明神御宇日本天皇」，在此首度誕生了「日本」這個國號以及「天皇」這個王號。

日本的建國是倭人和華僑為了與唐帝國對抗，從皇帝的統治中自我保護所採取的措施。從這裡開始的日本文明，逃不出對抗文明的宿命，構成日本文明的文化要素與中國文明幾乎完全一模一樣，歷史的架構即是其中之一。日本最初的正史《日本書紀》是天智天皇的弟弟天武天皇於西元六八一年開始著手編纂，於天武天皇的嫡曾孫聖武天皇即位前的西元七二〇年完成。《日本書紀》的內容雖然完全遵照司馬遷《史記》的架構，卻強調日本文明從一開始就與中國完全沒有關係，是自行發展出的文明。《日本書紀》中，日本的建國不是西元六六八年，而是將西元前六六〇年即位的神武天皇視為首代日本天皇。《日本書紀》遵照東漢鄭玄的理論，從實際日本建國的機緣，也就是百濟滅亡的西元六六〇年開始，向前追溯文明一個循環的一千三百二十年，將推算出的西元前六六〇年設為日本的建國年分。另外，《日本書紀》還編造出了從天神的子孫神武天皇至十五代應神天皇為止的虛構天皇，創造出了所謂的「大和朝廷」，將這個朝廷放在實際存在的河內王朝首代的仁德天皇之前，從大和朝廷、河內王朝、播磨王朝、越前王朝，承續了一貫的血統。這是模仿《史記》從黃帝到漢武帝一脈相傳的「正統」理論，主張從天而降的神為日本帶來了獨立的正統，而萬世一系的天皇繼承這個正統，一直傳到《日本書紀》所編纂的當時的天皇們。這樣的歷史敘述完全是虛構，沒有任何事實根據。然而，恐怕無論哪一個國家的國史都大同小異吧，只有自己的國家才是世界，自己的小世界與周圍的世界無關，是自行發展而成的，而國史的主要目的就是在宣揚這樣的意識型態。

現代日本的日本史學者，對此多少試圖做出一些修正，但大致而言還是脫離不了《日本書紀》所編造出的日本的獨特性和自主性等架構。為此，在西元一八七一年簽署《日清修好條規》之前的時代，都認為中國對日本史的影響並非本質的要素，而受到輕忽。然而這樣的態度沒有任何理論依據。在此簡單舉一個例子。征夷大將軍本是邊境駐紮軍的司令官，充其量不過是武家的棟樑。然而，為了在日本國內獲得正統政權的地位，他們在理論上必須獲得其他國家在國際上的承認。比如日本將軍足利義持，如果無視於明朝的永樂帝於西元一四〇八年封他為「日本國王」，承認他為日本國的元首，那麼將無法解釋至西元一八六八年明治維新為止的日本武家政治。

就像這樣，無論哪一個時代，日本史和東洋史之間原本應該有著密不可分的關聯，但現實中，兩者之間根本沒有像樣的對談。

那麼，與屬於「國史系」的日本史不同，同樣來自里斯「史學系」的東洋史和西洋史又如何呢？兩者皆採用了蘭克學派的實證研究法，實際上嚴重受到中國正史的傳統架構影響。

❖ 中國型的西洋史

一般的西洋史概論中，歐洲文明的歷史都是從美索不達米亞開始，經過古希臘、羅馬帝國，一直延續到法蘭克王國，再到之後的法國、德國、英國等。然而實際上，地中海文明的根源就如同「歷史之父」希羅多德所寫的一樣，是從埃及開始。不僅對希臘人而言如此，對猶太人而言也是一樣。《舊約聖經》的〈出埃及記〉中，摩西率領同族人逃離埃及的故事，代表了猶太人的文化起源於埃及。然而在《舊約聖經》當中，有一段故事記載猶太人是在「巴比倫之囚」的時代，從美索不達米亞而來，另外〈創世紀〉中敘述的伊甸園、諾亞方舟、巴比倫塔，以及始祖亞伯拉罕出身於迦勒底的吾珥，這些都說明了猶太人來自美索不達米亞。由於這個印象太過強烈，因此後世的基督教徒才會將美索不達米亞當作文明的發祥地，而忽略了埃及。

日本的西洋史概論，也是從古希臘開始，到法國、德國、英國等明治維新當時的世界三大強國為終結，以這一連串的歷史為主軸。這是將自《史記》以來的中國「正統」觀念套用在西洋史之上，試圖以此理解歐洲的歷史。日本將直到西元五世紀西羅馬帝國滅亡為止的時代稱作「古代」，之後直到西元十五世紀東羅馬帝國滅亡為止的時代稱作「中世」，之後的時代稱作「近代」。對於這樣的區分方式，幾乎所有人都不抱持一絲疑問，這就是日本將中國「正統」觀念套用在西洋史之上最好的證據。這種區分方式明顯是以羅馬的「皇帝」為基準做出的時代區分，依照的是中國史以歷代王朝為基準的「斷代史」架構。

然而，「奧古斯都」不是皇帝。「奧古斯都」的本質是「元老院的首席議員」。首先要有元老院，才會有「奧古斯都」的存在。相反的，從秦始皇開始的中國皇帝是世界的中心，先有皇帝才有中國，與「奧古斯都」的性質不同。將「奧古斯都」誤譯為「皇帝」，本身就代表了日本人試圖用熟悉的中國史來理解不熟悉的歐洲史所做出的努力。

類似古代「皇帝」的誤譯，中世的「封建」其實也是一種誤譯。中國史的「封建」指的是武裝移民佔領新的土地建立城市的意思。然而，歐洲史的「Feudalism」指的是騎士與一人或複數的君主簽訂契約，奉上土地（feud）一部分的手續費（fee）換取君主的保護，這與中國的「封建」幾乎沒有任何共通點。然而，日本將西洋史的「Feudalism」誤譯為「封建制」，是因為西洋史學者不具有中國史的知識，而東洋史學者也不具有歐洲史的知識，雙方沒有相互糾正錯誤的能力。

馬克思主義將時代區分為「古代奴隸制、中世封建制、近代資本制」，各自的時代中存在著各自獨特的生產模式。不用說，這當然是完全不合理的區分法。時代的三區分是以政治為基準，沒有任何理由要以經濟結構來區分。再加上，奴隸制是古代地中海世界的現象，封建制是中世紀西歐世界的現象，地點完全不同。另外，實行「Feudalism」的，實際上僅限東從易北河、西至盧瓦爾河為止的地區，並不是全歐洲的普遍現象，更不是全世界的普遍現象。實行「Feudalism」的主要是法蘭克王國的中心部，從中可以看出，這是日耳曼人的部族社會移植羅馬型城市文明所發生的特殊現象。

❖ 東洋史的失敗

無論如何，日本的西洋史將「Feudalism」誤譯為「封建制」的結果，影響了日本的東洋史，讓人有一種在西元前二二一年秦始皇統一中國之前，中國就已經實行「Feudalism」的錯誤印象。依照這樣的理論，如果將秦始皇以前的時代歸為「中世」，那麼中國早在西元前三世紀就已經進入了「近代」。然而實際上，這時中國出現的是皇帝制度。另一方面，將羅馬的「奧古斯都」誤譯為「皇帝」，這讓中國在「中世」之後回到了「古代」。而且，「古代」何時結束又是另一個問題，照這樣的邏輯推算，西元一九一二年清宣統帝退位，中國的「古代」才終於結束。

內藤湖南教授（京都帝國大學史學系東洋史第一講座的首代教授）提出

了新的理論，以宋朝出現皇帝獨裁政治為基準，將西元十世紀之後的時代稱作「近世」。然而這個理論又引發了新的問題，中國史的「近世」與歐洲史從西元十五世紀開始的「近代」要如何對照？這又讓東洋史學者傷透了腦筋。將中國的皇帝獨裁對應歐洲的「專制主義」也是一種方法，但問題是專制主義是只有出現在法國的現象，並不是近代歐洲普遍的現象，當然也就不能當作是近代歐洲的特徵。

歐洲式的時代區分法不適用於中國，這對日本的馬克思主義歷史學者而言是非常不方便的事。如果歷史不是依照時代的階段朝著一定的方向「發展」，那麼當然也就無法到達最終階段的共產主義社會。「歷史是善惡兩大勢力的鬥爭，對此有一定的『發展』方向，在最終階段，善的勢力獲勝，世界靜止，歷史終結」，這樣的思想最初出現在波斯的祆教，馬克思主義的幻想也屬於這一系列。在這樣的思想之下，歷史學的終極目標在於依照社會發展階段來劃分時代，如果做不到的話，那麼將無法預言共產主義社會的到來。為此，中國史無法以發展階段來劃分時代對馬克思主義的歷史學家而言十分頭痛，他們甚至說出中國社會沒有發展、無限停滯這樣的話。

這樣的混亂全來自於認為地中海型的歷史觀是普遍的歷史觀，試圖將這樣的歷史觀套用在中國型的歷史之上。這樣的觀念讓可憐的日本東洋史學家所做出的一切努力都變得空虛。東洋史學者們試圖將中國史地中海型化，他們的方法除了時代劃分的理論之外，還有東西文化交流史。

所謂的東西文化交流史就是收集「絲路」、「南海貿易」等出現在歐洲與中國雙方紀錄中的片段，想盡辦法將中國史與歐洲史相互對應。的確，西元二世紀亞歷山大城的希臘學者克勞狄烏斯．托勒密所著的地理書中記載了從羅馬帝國的安提阿到東漢長安之間的中亞交通道路，另外還記載了西元一六六年，遣使到東漢的大秦王安敦其實就是羅馬「皇帝」馬可．奧里略．安東尼．奧古斯都的有趣故事。但這些都只是很小的事情，充其量不過是有趣的小插曲罷了。

在西元十三世紀蒙古帝國出現之前，中國與歐洲之間的往來以及雙方的貿易額都十分有限，不足以影響政治。想要透過東西文化交流整合中國史和歐洲史，怎麼想都十分困難。只用這些表面的小技巧就想將中國史重組成為歐洲型的歷史，這是完全不可能的事。

❖ 蒙古帝國讓世界史變得可能

歷史是文化，根據創造出歷史的文明區域，決定了歷史通用的範圍。擁有歷史的兩大文明——地中海（西歐）文明與中國文明各自在西元前五世紀和西元前二世紀末創造出了自己的歷史，在各自的地區、以各自的歷史架構書寫「歷史」，直到西元十二世紀為止。西元十三世紀蒙古帝國出現，蒙古文明吞沒了中國文明又繼續向西擴展，連接了地中海（西歐）文明，這讓兩大歷史文化首度接觸，覆蓋整個歐亞大陸的世界史從此變得可能。

反映這樣的狀況，在西元十四世紀蒙古帝國全盛時期，歷史學家開始書寫人類第一本真正的世界史。

❖ 拉施德丁·哈馬丹尼的《史集》

西元一三〇三年，位於伊朗高原上的伊兒汗國的合贊汗，命命他的猶太宰相拉施德丁·哈馬丹尼，以宮廷中的蒙文古文書為基礎，以波斯語寫下蒙古帝國的歷史。這本歷史以《*Jāmi`al-Tavârîkh*》為題，意指「歷史的集成」，一般翻譯為《史集》。《史集》共有三卷。第一卷的內容是寫西元一三〇四年合贊汗去世前的蒙古人歷史。從蒙古人以及其他遊牧民族諸部族的歷史開始寫起。接下來是成吉思汗祖先們的故事，從阿闌豁阿受到天上陽光的感應產下了孛端察兒開始，直到成吉思汗的父親也速該為止。之後是歷代大汗的歷史，從成吉思汗開始直到《史集》編纂當時的元朝皇帝鐵穆耳汗（元成宗，蒙古帝國第六位大汗、大元王朝第二任皇帝）為止，記載包括大汗們的祖譜、后妃表和當代事蹟等內容。在各自的當代事蹟當中，在每年的科目底下，都會記載世界其他地方發生的大事。接下來是伊朗高原伊兒汗國大汗們的歷史，從初代的旭烈兀汗到合贊汗為止。

第二卷是合贊汗的弟弟完者都汗的當代事蹟，以及蒙古人之外各國國民的歷史。外國歷史的部分包括從《舊約聖經》亞當以來至預言家們為止的故事、穆罕默德與其繼承者哈里發們的阿拉伯帝國、波斯、塞爾柱帝國、花剌子模帝國、中國、法蘭克（羅馬皇帝和羅馬教皇）、印度等的歷史。第三卷原本應該是地理誌，但沒有流傳下來。

從《史集》的架構可以看出這是以成吉思汗家族為中心的世界史。這個世界史當中包含中國與西歐這兩個擁有固有歷史的文明，這是至今為止史無先例的事。這代表了蒙古帝國出現，首度讓世界史變得可能。在此之前的伊斯蘭世界中，像這種正式的著作都是用艱深的文體、以阿拉伯語書寫，然而《史集》是用波斯語書寫，且文體屬於簡潔的散文。《史集》不選擇《古蘭經》的阿拉伯語，而是用通俗的波斯語書寫，是因為它不是伊斯蘭世界的歷史，而是以蒙古帝國為主的世界史。

❖ 貢噶多吉的《紅史》

在伊兒汗國宰相所著的《史集》之後，同樣在西元十四世紀，元朝統治之下的西藏也編纂了世界史，名為《*Hulan debther*》，意思是「紅色的冊子」，著者是名為蔡巴．貢噶多吉的佛教僧侶，他於西元一三四六年以西藏語編纂了這本《紅史》。《紅史》前半是君王們的歷史，分別敘述印度的王朝、中國的王朝、西夏的王朝以及蒙古的王朝。雖說是王朝，但內容並非政治史，而是將重點放在帝王與佛教之間的關係。《紅史》後半則是西藏佛教的歷史，以受到忽必烈汗（元世祖）信任，被賦予統治西藏任務的薩迦派八思巴為首，敘述各個宗派由師父傳給弟子的教義。這是從佛教的立場來看世界。

西藏從西元七世紀建國當時起就有文字的紀錄，但到了西元九世紀中期，帝國分裂、中央政府消滅，進入了沒有紀錄的黑暗時代。黑暗時代持續了大約一百五十年。進入西元十一世紀後，西藏各地豪族們彼此競爭，請來高僧建立寺院，藉此累積財富。就像這樣，在政治沒有統一的情況下，西藏人成了以佛教信仰當作身分認知的國民。

最初西夏帝國是西藏佛教最大的施主，到了西元十三世紀蒙古人滅了西夏之後，改由蒙古的大汗們保護西藏佛教。當中，忽必烈汗與僧侶八思巴之間的關係，決定了西藏之後的國際地位，奠定了佛教教團的領袖代表西藏國民接受外國帝王的皈依，在外國帝王的保護之下統治西藏的統治模式。

西藏文明原本是繼承沒有歷史文化的印度文明，但另一方面又是與中國文明對抗的文明。因此，西藏從建國之初就留有與中國對抗的紀錄，但這些紀錄最多是西藏王的年代記，並沒有可以用來定義世界的正式歷史。到了西元十四世紀，能夠孕育出包括印度、中國、蒙古在內的佛教世界史，也是因為蒙古帝國的出現讓西藏人接觸到了更寬廣的世界，讓「歷史是世界史」的意識在西藏人的心中覺醒。

❖ 杜撰的《元朝秘史》

那麼蒙古人自己又是怎麼看待世界史的呢？西元十三至十四世紀，的確有大量以蒙古語寫成的宮廷正式紀錄，但很可惜的，這些紀錄都沒有流傳下來。唯一的例外是《元朝秘史》，雖然不是正史，但卻是一本以蒙古語寫成的書籍。

成吉思汗生前居住的斡魯朵，在他死後依然留在外蒙古的克魯倫河畔，他的隨從過著與之前相同的生活，侍奉成吉思汗的亡靈。西元一二九二年，忽必烈汗讓自己的孫子甘麻剌繼承這個斡魯朵的財產，甘麻剌成了成吉思汗陵的大祭司。甘麻剌在克魯倫河畔的宮廷中，整理從成吉思汗的祖先一直到西元一二〇六年成吉思汗即位為止而成的著作就是《元朝秘史》。《元朝秘史》

是成吉思汗陵祭神的傳說，由於並非蒙古帝國的正式紀錄，因此內容有很多都沒有史實根據。再加上，成吉思汗時代的蒙古部族尚未有文字的紀錄，內容多半關於成吉思汗事蹟的《元朝秘史》幾乎都是想像力豐富的口頭創作，不足以採信，也不能當作歷史資料。然而，從文章中可以感受草原遊牧民族的生活，文學氣息頗高。另外，甘麻剌的兒子也孫鐵木兒於西元一三二三年繼承了元朝的帝位，元泰定帝。他在克魯倫河畔的成吉思汗陵中寫的《元朝秘史續集》於隔年完成，此書敘述成吉思汗的征戰與死亡，一直到窩闊台汗即位為止的故事。

❖《蒙古源流》

成吉思汗的斡魯朵後來成為蒙古鄂爾多斯部族的名稱，從外蒙古的克魯倫河畔遷到了內蒙古的黃河畔。這個部族供奉的成吉思汗陵現在遺留在內蒙古自治區的伊金霍洛。鄂爾多斯部族的貴族，同時也是成吉思汗子孫的薩岡徹辰，於西元一六六二年以蒙古語書寫了世界史。這本書的蒙古語書名為

《額爾德尼・因托卜赤》，意指「寶石的綱要」。這本書在清朝被翻譯成滿洲語，之後又翻譯成漢語，以《蒙古源流》為題。一般而言，漢語的書名比較廣為人知。

這本蒙古語的世界史規模十分龐大。一開始敘述的是宇宙的起源，在空中，風與風相互撞擊形成風輪，風輪的熱能產生雲，雲又下起了雨形成水輪，水面浮起的微粒子相互結合，逐漸發展成地輪。地輪上有一座須彌山，圍繞須彌山有七重的鐵圍山、七重的無熱池、四個大陸、八個小大陸。接下來敘述的是人類的誕生。天人因貪圖地上的食物而墜入人間，有男女之別，以種植稻米維生，相互為了爭奪土地發生爭執，而以公平的方式平息爭端的人被選為人類最初的王者。這個王的子孫是印度的王室。印度王室的釋迦牟尼提倡佛教。印度王室末代的某一個王生下了一個長得像鳥一般相貌怪異的男嬰。男嬰被放入箱子後丟棄在恆河，有一位農夫將男嬰撿了回來。長大成人後的男嬰知道了自己的身世，於是越過山嶺進入西藏，成為了西藏人最初的君王，這就是西藏王室的起源。後來，某一任西藏王被大臣所殺，王位也被篡奪。西藏王的三個王子分別逃往各處避難，最小的王子孛兒帖赤那（黑白相間的狼）與妻子豁埃馬闌勒（白鹿）一同向東，逃到了貝加爾湖畔的不兒罕合勒敦山，被當地的居民選為君主。這就是蒙古王室的起源。孛兒帖赤那的子孫朵奔蔑兒干死後，他的妻子阿蘭豁阿在夢裡與一個美少年交歡，生下了三個男嬰。最小的勃端察兒正是成吉思汗的祖先。也就是說，成吉思汗的祖譜可以從西藏與印度的王室，一直追溯到人類最初的王者，擁有地上最高貴的血統。

這是《蒙古源流》世界史大致的架構，在這個架構之中，敘述完印度和西藏史之後，隨著成吉思汗的誕生，進入了蒙古的歷史。蒙古史的部分主要參考成吉思汗陵所傳下的眾多古文獻，敘述成吉思汗征服世界的故事。當中，蒙古帝國滅金帝國的這一段歷史中，有提到從漢高祖到金帝國為止的中國史。成吉思汗之後的時代，故事從忽必烈汗（元世祖）開始，詳細記述元朝歷代大汗治世的事蹟，一直到烏哈噶圖汗（元順帝）失去中國，退回蒙古高原為止的所有過程。

元朝退回蒙古高原之後，《蒙古源流》記述內容主要針對忽必烈家族後裔的蒙古大汗們與反忽必烈家族的部族聯盟斡亦剌惕之間的對抗。西元十五世紀，斡亦剌惕的也先汗曾經一度篡奪大汗之位。但在同世紀末，成吉思汗後裔中唯一存活下來的達延汗復興了成吉思汗家族，他的十一個兒子分別當上各個部族的首領，蓬勃發展。《蒙古源流》記有達延汗兒子們子孫的祖譜和事蹟，其中又以著者薩岡徹辰自己的鄂爾多斯部族的記述最為詳盡。

滿洲人是過去被成吉思汗所滅的金帝國的後裔，元朝最後的正統林丹汗死後，他的兒子向滿洲人投降，將蒙古政權交給了滿洲人，這就是清朝歷史的開始。在明朝滅亡，清朝的順治皇帝奪取中國政權的敘述當中，提到了明朝的歷史。當中最有趣的是有關明朝永樂帝出身的故事。烏哈噶圖汗退出中國的時候，留下了蒙古人的皇后，皇后當時已經懷有身孕。明朝的洪武帝迎娶了被留下的蒙古皇后，生下的就是永樂帝。洪武帝另一位漢人皇后所生的兒子是建文帝。永樂帝被父親疏遠，被趕到了北方邊境的北京。洪武帝死後，在蒙古人的支持之下，永樂帝舉兵殺了南京的建文帝，自己當上了皇帝，定都北京。這段故事主要的目的在於敘述明朝的歷代皇帝身上也流著成吉思汗的血。永樂帝是烏哈噶圖汗的兒子這件事當然不是真的，但這個故事主要想表現的是明朝的中國也是蒙古帝國的繼承國。

清朝的順治皇帝整合了南方的漢人、西方的西藏人和斡亦剌惕人、東方的朝鮮人、中央的滿洲人和蒙古人，再度確立了正統政權。《蒙古源流》所敘述的世界史，就到順治皇帝的兒子康熙帝即位為止。

這個《蒙古源流》是以成吉思汗高貴的血統為中心的世界史，描繪成吉思汗所被賦予統一世界的天命，到了著者的時代再度得以實現的原委。

❖ 單一世界史的可能性

西元十四至十七世紀，蒙古帝國編纂世界史的歷史學家們，他們出身於伊朗高原、西藏、蒙古高原等至今為止沒有編纂歷史傳統的地方。無論是波斯語、西藏語還是蒙古語，都不是至今為止歷史的語言。也因此，他們不受地中海型或中國型等既成歷史架構的束縛。蒙古帝國所寫出的世界史，每一本都是以成吉思汗家的祖譜為中心來敘述世界，反映出了當時世界的真實面貌。

這裡隱藏了解決地中海型歷史與中國型歷史、東洋史與西洋史的矛盾，創造單一世界史的提示，那就是中央歐亞草原之道。中央歐亞草原的遊牧民族反覆入侵定住民居住的地區，他們的入侵創造出了兩個有歷史的文明，也就是地中海文明和中國文明。歐洲說著印歐語系的人們原本都來自中央歐亞草原。在中國之前的時代統治東亞城市國家的遊牧民族與狩獵民族也都是從中央歐亞草原而來，之後成為城市的居民，進而創造了中國。像這樣，地中海文明與中國文明成立之後，中央歐亞草原遊牧民族每一次的入侵，都各自改變了兩大文明的命運。地中海世界之所以結束古代，進入西歐世界的中世，也並非文明內部的因素所致，而是從蒙古高原遷徙而來的匈人將日耳曼人趕到了羅馬的土地所造成的結果。另外，結束中世進入近代也是奧斯曼帝國繼承蒙古帝國的霸業後入侵歐洲所造成的結果。而將西歐人的勢力擴展到全世界的大航海時代，也是為了對抗至今為止掌握世界大權的蒙古帝國及其繼承國，西歐人才往海上尋求生路，建立海洋帝國。

同樣的，在中國，秦、漢時代第一階段的中國滅亡之後，創建隋、唐時代第二階段中國的，也是從中央歐亞草原遷徙而來的鮮卑等遊牧民族。與鮮卑所建立的中國競爭，優勢逐漸壓過中國，最後甚至吞併中國的也是來自中央歐亞草原，包括突厥、回鶻、契丹、金、蒙古等遊牧民族。在蒙古帝國的支配之下，中國徹底蒙古化，形成了元、明、清的第三階段中國。經過蒙古化的中國文化，就是現在一般認知的中國傳統文化。這個第三階段的中國不再是以皇帝為中心單獨運轉的世界。這些中國的皇帝其實是以成吉思汗為原型的中央歐亞型遊牧君主的中國版，中國實際上是中央歐亞世界的一部分。這個第三階段中國的特徵在現在的中華人民共和國身上可以清楚看見。

如果想要超越來自希羅多德與《舊約聖經》、《啟示錄》的地中海（西歐）型歷史架構，以及來自《史記》與《資治通鑑》的中國型歷史架構，不是僅僅將東洋史和西洋史混合，而是從頭到尾敘述具有一貫性的世界史，方法只有一個，那就是捨去文明內在層面或是自行發展的觀念，把焦點放在從中央歐亞草原而來的外部力量，是他們改變了有歷史的文明，以自己為主軸來敘述歷史。在這樣的架構之下，可以將西元十三世紀蒙古帝國成立之前的時代視為世界史以前的時代，獨立看待各個文明。而蒙古帝國成立之後的時代則為世界史的時代，當作單一世界看待。

為了實踐這樣的做法，歷史學家必須捨棄有歷史的兩大文明至今為止，為了自我解釋或合理化所創造出的概念或術語，而是找出無論套用在哪一個文明都不會產生矛盾的理論，做出真正合理的解釋。如此一來，敘述單一世界史絕對不是不可能的事。這本《世界史的誕生》便是最初的嘗試。

參考文獻解說

❖ 第一章

關於羅斯與基督教東方教會，參考資料如下。

森安達也編《斯拉夫民族與東歐俄羅斯》（民族的世界史一〇，山川出版社，一九八六年）

關於成吉思汗接受天命，參考資料如下。

海老澤哲雄〈蒙古帝國對外文書管見〉（《東方學》七四，一九八七年七月）

關於歷史不具普遍性，而是構成特定文明的文化要素，僅限於該文明的地區，參考資料如下。

岡田英弘、樺山紘一、川田順造、山內昌之編《有歷史的文明　沒有歷史的文明》（筑摩書房，一九九二年）

關於史蒂芬・霍金提出的時間與空間的起源，參考資料如下。

林一譯《霍金，關於宇宙》（早川書房，一九八九年）

佐藤勝彥監譯《霍金的最新宇宙論》（日本放送出版協會，一九九〇年）

關於非洲無文字社會的歷史文化，參考資料如下。

川田順造《無文字社會的歷史》（岩波書店，一九七六年。同時代Library一六，一九九〇年）

關於《有歷史的文明　沒有歷史的文明》的基礎報告，參考資料如下。

川田順造《關於「歷史的意志」——從非洲的無文字社會看起》

關於馬雅文明的文字與曆法，參考資料如下。

八杉佳穗《解開馬雅文字》（中公新書六四四，中央公論社，一九八二年）

關於瓜地馬拉的《波波爾・烏》，日文譯本如下。

林屋永吉譯，A・Recinos原譯《波波爾・烏》（中公文庫D一九，中央公論社，一九七七年）

關於伊斯蘭文明的時間觀念，下列書籍有更簡單易懂的說明。

片倉素子《伊斯蘭的日常世界》（岩波新書一五四，岩波書店，一九九一年）

❖ 第二章

希羅多德的《歷史》日文譯本如下。雖然有人批評這本譯文意譯過頭，不夠嚴謹，但也因此十分簡單易懂。然而希臘語專有名詞的長母音有些地方都以短母音標示。

希羅多德著，松平千秋譯《歷史上・中・下》（岩波文庫三三一四〇五，岩波書店，一九七一至一九七二年）

關於《舊約聖經》與猶太教，參考資料如下。

石田友雄《猶太教史》（世界宗教史叢書四，山川出版社，一九八〇年）

Cecil Roth 著，長谷川真、安積銳二譯《猶太人的歷史》（Misuzu 書房，一九六六年）

關於創造《啟示錄》千年王國思想的波斯祆教終末論，參考資料如下。

鈴木中正編《千年王國民眾運動的研究》（東京大學出版會，一九八二年）

❖ 第三章

本章根據《有歷史的文明 沒有歷史的文明》中下列的基礎報告，做出更詳細的解說。

岡田英弘〈中國文明的歷史〉

關於中國以前的城市國家時代、第一階段中國的成立、黃巾之亂後的人口銳減、第二與第三階段中國，參考資料如下。

橋本萬太郎編《漢民族與中國社會》（民族的世界史五，山川出版社，一九八三年）中的第一章——岡田英弘〈東亞大陸民族〉

岡田英弘《倭國》（中公新書四八二，中央公論社，一九七七年）

關於黃巾之亂的終末論，以下資料有更詳細的說明。

岡田英弘編《亞洲與日本人》（講座與比較文化第二卷，研究社，一九七七年）中的第十章——岡田英弘〈祕密結社〉

❖ 第四章

關於「中央歐亞的觀念」，參考資料如下。

護雅夫、岡田英弘編《中央歐亞的世界》（民族的世界史四，山川出版社，一九九〇年）的序章——岡田英弘〈中央歐亞的歷史世界〉

「中央歐亞大陸」這個詞彙，最早是Denis Sinor於西元一九六三年使用。關於與「中央歐亞大陸」幾乎同義的「內陸亞洲」在蒙古帝國以前的時代，參考資料如下。

Denis Sinor ed., *The Cambridge History of Early Inner Asia*. Cambridge University Press, Cambridge, 1990.

從《史記》的〈匈奴列傳〉起，中國正史中遊牧民族列傳的日文翻譯如下。書中並未收錄所有的列傳。另外，根據譯者不同，譯文的程度也不同。

內田吟風等譯註《騎馬民族史1・2・3》（東洋文庫一九七・二二三・二二八，平凡社，一九七一至一九七三年）

❖ 第五章

關於隋唐是鮮卑王朝的論點，請參考下列中國人的研究。

陳寅恪《唐代政治史述論稿》（生活、讀書、新知三聯書店，北京，一九五六年）

關於西藏帝國，請參考下列三項資料。

山口瑞鳳《吐蕃王國成立史研究》（岩波書店，一九八三年）

山口瑞鳳《西藏 上・下》（東洋叢書三・四，東京大學出版會，一九八七至一九八八年）

江上波夫編《中央亞洲史》（世界各國史一六，山川出版社，一九八六年）中的第四章——山口瑞鳳〈西藏〉

關於羅斯《原初編年史》，參考資料如下。

國本哲男、山口巖、中條直樹譯《俄羅斯原初編年史》（名古屋大學出版會，一九八七年）

❖ 第六章

關於蒙古人的歷史，請參考下列四項資料。

Abraham Constantin Mouradgea d'Ohsson著、佐口透譯註《蒙古帝國史 1－6》（東洋文庫一一〇・一二八・一八九・二三五・二九八・三六五，平凡社，一九六八至一九七九年）

岡田英弘《成吉思汗》（中國的英傑九，集英社，一九八六年。朝日文庫、朝日新聞社，一九九四年）

護雅夫、神田信夫編《北亞史（新版）》（世界各國史一二，山川出版社，一九八一年）中的第四、五章——岡田英弘〈蒙古的統一〉、〈蒙古的分裂〉

《中央歐亞世界》的第三部——宮脇淳子〈蒙古系民族〉

關於漢字的特徵與漢文並非漢語，請參考之前提及的

《亞洲與日本人》第五章——岡田英弘〈真實與語言〉以及《漢民族與中國社會》中的〈東亞大陸民族〉。

關於清帝國各民族法律，參考資料如下。

島田正郎《清朝蒙古例的研究》（東洋法史論集第五，創文社，一九八二年）

關於蒙古帝國與羅斯的關係，參考資料如下。

Charles J. Halperin, *Russia and the Golden Horde*. Indiana University Press, Bloomington, 1985.

關於朮赤家的黃金斡魯朵、韃靼人、烏茲別克人、哈薩克人，請參考下列三項資料。

John Andrew Boyle tr., *The Successors of Genghis Khan*. Columbia University Press, New York, 1971.

Henry H. Howorth, *History of the Mongols from the 9th to the 19th Century*, Part II, Divisions 1& 2. Longmans, Green, and Co., London, 1880.

Boris Ischboldin, *Essays on Tatar History*. New Book Society of India, New Delhi, 1973.

關於元朝發行的紙幣，參考資料如下。

岩村忍《蒙古社會經濟史的研究》（京都大學人文科學研究所，一九六八年）

❖ 第七章

本章主題以參考下列文章所寫的「前言」為基礎。

岡田英弘〈世界史是否成立〉(《歷史與地理》二一一，一九七三年四月)

關於日本的建國與《日本書紀》的編纂，除了之前提及的《倭國》(中公新書)之外的參考資料如下。

岡田英弘《倭國的時代》(文藝春秋，一九七六年。朝日文庫，朝日新聞社，一九九四年)

關於歐洲的封建制度，參考資料如下。

大谷瑞郎《歷史的理論從「封建」到近代》(刀水書房，一九八六年)

關於《史集》，現在尚未有完整的譯本。下列是第一卷的俄羅斯譯本。

L.A. Khetagurov, O.I. Smirnova tr., *Rashid-ad-din Sbornik Letopisei*, Tom I, Kniga pervaya & Kniga vtoraya. Izdatel 'stvo Akademii Nauk SSSR, Moskva & Leningrad, 1952.

另外，之前提及的 *The Successors of Genghis Khan* 同樣是《史集》第一卷，從成吉思汗的兒子們開始至鐵穆耳汗（元成宗）為止的部分英譯。

關於《紅史》，日文譯本如下。

稻葉正就、佐藤長譯《紅史——西藏年代記》（法藏館，一九六四年）

關於《元朝秘史》，西元十四世紀，明朝太祖洪武帝命人將《元朝秘史》的蒙古語原文音譯，以漢字標示。下列這本書又將漢字的音譯本書寫成羅馬拼音。

白鳥庫吉譯《音譯蒙文元朝秘史》（東洋文庫，一九四二年）

西元一九〇六年完成的《元朝秘史》日文譯本，是除了原書中附有的漢譯之外，全世界最早翻譯《元朝秘史》蒙古原文的譯本。文體屬於擬古文體。

那珂通世譯註《成吉思汗實錄》（大日本圖書，一九〇七年。筑摩書房，一九四三年）

《元朝秘史》口語體的日文譯本如下。書中使用漢字正字以及古代的假名。

小林高四郎譯註《蒙古的秘史》（生活社，一九四〇年）

最容易找到的《元朝秘史》日文譯本如下。使用的文體介於擬古文和口語文之間。

村上正二譯註《蒙古秘史1・2・3》（東洋文庫一六三・二〇九・二九四，平凡社，一九七〇至一九七六年）

關於《元朝秘史》作者與年代，參考資料如下。

岡田英弘〈元朝秘史的成立〉（《東洋學報》六六—一至四，一九八五年三月）

關於《蒙古源流》，尚未有日文譯本。蒙古語原文中最完整的是下列的「庫倫之書」。

Erich Haenisch, *Eine Urga-Handschrift des mongolischen Geschichtswerks von Secen Sagang (alias Sanang Secen)*. Akademie- Verlag, Berlin, 1955.

「庫倫之書」遺漏的部分，補收錄在下列的校訂本中。

C. Nasunbaljur, *Sagang secen Erdeni-yin Tobci*. Monumenta Historica, Tomus I. Ulanbator, 1958.

將「庫倫之書」的本文以羅馬拼音表示，並附上索引的書如下。然而，原本應該含有全文英譯和註解的第三卷尚未刊行。

Igor de Rachewiltz, John R. Krueger, *Erdeni-yin Tobci ('Precious Summary') Sagang Secen*, I & II. Faculty of Asian Studies, The Australian National University, Canberra, 1990-1991.

《蒙古源流》蒙古文的完整譯本現在只有德語版。但這個翻譯自原文的德文譯本比「庫倫之書」還差。

Isaac Jakob Schmidt, *Geschichte der Ost-Mongolen und ihres Fürstenhauses*. St. Petersburg, 1829.

下列《蒙古源流》的譯本是譯自滿洲文的譯本（*Enetkek Tubet Monggo Han sai Da Sekiyen*）。

江實譯註《蒙古源流》（弘文堂書房，一九四〇年）

漢譯本的《蒙古源流》也是譯自滿洲文的譯本，但蒙古語在翻譯成滿洲語時就已經出現誤譯，再加上從滿洲語翻譯成漢語時的誤譯，使用時須特別留意。

後記

歷史是文化。歷史不僅僅只是過去的紀錄。

所謂歷史是沿著時間與空間的雙軸，以超越一個人可以親身經歷的範圍尺度，把握、解釋、理解、說明與敘述人類居住的世界。並不是只要有人就一定有歷史。

並不是地球上的所有文明都有歷史這項文化。歷史分別於西元前五世紀與西元前一〇〇年，誕生於地中海文明與中國文明。這二大文明之外的文明原本沒有歷史這項文化，就算有，也是從這二大文明的歷史文化中衍生而出。

創造出歷史這項文化的是二位天才。一位是在地中海世界中，以希臘語寫下《歷史》的希羅多德。另一位則是在中國世界中，以漢文寫下《史記》的司馬遷。在這二人寫下最初的歷史之前，希臘語的「*historia*」（英語「history」的語源）與漢字的「史」都不具有我們現在認知的「歷史」的意思，當然也沒有「歷史」的觀念。

同樣是歷史，希羅多德所創造出的地中海型歷史，記述的是強國變弱、小國變強等命運的轉換。世界最初的歷史敘述的是國家甚至都還沒有統一的弱小希臘人如何戰勝亞洲大國波斯的故事，從中確立了「歐洲戰勝亞洲是歷史的宿命」這樣的歷史觀。這樣的歷史觀與基督教《啟示錄》善惡對決的世界觀相互重疊，「亞洲是壞人，歐洲是好人」這種相互對決的歷史觀甚至對現代的西歐文明都留下深遠的影響。

相較於此，司馬遷的《史記》是皇帝制度的歷史，敘述的是皇帝權力的起源，以及權力傳承給現在皇帝的原委。「天命」（最高天神的命令）賦予皇帝統治「天下」（世界）的權限，天命傳承的順序被稱作「正統」。天命的正統如果出現了變化，皇帝將無法維持其權力，因此，中國型的歷史無論現實世界中發生了多大的變化，記述時都會盡量忽視這些變化。

就像這樣，同樣是歷史，地中海文明是以變化為主題的對決歷史觀，而中國文明則是不承認變化的正統歷史觀。二者以各自的歷史觀記述歷史，這對於今日我們的歷史觀，甚至於世界觀都造成了重大的影響。

上述正是本書希望傳遞的主題之一。

本書的另一個主題則是，為了尋求世界史真正的可能性，不僅僅是將西洋史與東洋史合體，而是應該以中央歐亞世界為中心來敘述世界史。

中央歐亞草原之道遠從希羅多德時代開始，就是遊牧民族遷徙的路徑。《史記》當中也記載，「匈奴」是蒙古高原上最初的遊牧帝國。這些中央歐亞世界草原民族的活動，其影響範圍東從中國世界，西至地中海世界與歐洲世界。西元十三世紀，蒙古帝國在草原之道上建立了秩序，歐亞大陸的東西交流也更為頻繁，這正是單一世界史的開始。

將西元十三世紀蒙古帝國的建國視為世界史的開端具有四大意義。

第一，由於蒙古帝國統治了連接東方中國世界與西方地中海世界的「草原之道」，將居住在歐亞大陸的所有人結合在一起，為世界史的舞台做出了準備。

第二，由於蒙古帝國統一了歐亞大陸大部分的地區，至今為止存在過的所有政權都一夕歸零，由蒙古帝國重新劃分新的國家。以這樣的劃分為基礎，包括中國與俄羅斯在內，現代亞洲和東歐各國就此誕生。

第三，誕生於中國北部的資本主義經濟，經由草原之道傳進地中海世界，再傳到了西歐世界，揭開了現代的序幕。

第四，蒙古帝國獨佔了歐亞大陸的陸上貿易，蒙古帝國外圍的日本人與西歐人為了找尋活路，開始了海上貿易，這也使得歷史的主角從至今為止的大陸帝國，移轉到了海洋帝國。

西元十三世紀之後的歷史，已經無法再像過去一般，分別記述地中海、西歐世界的歷史，以及中國世界的歷史。在蒙古帝國一處所發生的事情，立刻就會對其他地方造成影響，因此必須當作單一的世界史記述。也就是說，世界史是從蒙古帝國開始。

自西元一九九二年筑摩書房為我出版了本書開始，像我這樣的論點影響了各個領域的人，尤其受到專門寫作的同業支持，這讓我感到非常開心。本書在筑摩書房很榮幸地能夠一再再版，這一次又發行了文庫本，讓更多讀者有機會看到我的著作，我也特別在大家不熟悉的漢字旁標上了假名。

一九九九年七月　岡田英弘

本書於西元一九九二年五月，由筑摩書房發行

世界史の誕生

蒙古帝國與東西洋史觀的終結

作者、岡田英弘
譯者、陳心慧
總編輯、富察
責任編輯、許奕辰
企劃、蔡慧華
美術設計、黃暐鵬

社長、郭重興
發行人兼出版總監、曾大福
出版／發行、八旗文化／遠足文化事業股份有限公司
二三一新北市新店區民權路一〇八－二號九樓
電話、(〇二)二二一八－一四一七
傳真、(〇二)二二一八－八〇五七
客服專線、〇八〇〇－二二一－〇二九
信箱、gusa0601@gmail.com
部落格、gusapublishing.blogspot.com
臉書、www.facebook.com/gusapublishing
法律顧問、華洋國際專利商標事務所／蘇文生律師
印刷、成陽彩色印刷股份有限公司
出版、二〇一六年三月初版一刷
　　二〇二一年九月初版七刷
定價、三五〇元

世界史の誕生
モンゴルの発展と伝統

世界史的誕生：蒙古帝國與東西洋史觀的終結／
岡田英弘著；陳心慧譯.
－初版.－新北市：八旗文化出版：遠足文化發行，2016.3
304面；14.8×19.5公分
譯自：世界史の誕生：モンゴルの発展と伝統
ISBN 978-986-5842-81-9（平裝）
1.蒙古史 2.世界史
625.7　　105000316